Klaus Meyer

KRABBEL GOTTESDIENSTE

Mit Kleinkindern in der Kirche

Gütersloher Verlagshaus Gerd Mohn

Die Deutsche Bibliothek – CIP-Einheitsaufnahme

Meyer, Klaus:
Krabbelgottesdienste : mit Kleinkindern in der Kirche /
Klaus Meyer. – Gütersloh : Gütersloher Verl.-Haus Mohn, 1991
ISBN 3-579-02799-9

ISBN 3-579-02799-9
© Gütersloher Verlagshaus Gerd Mohn, Gütersloh 1991

Satz: Satz-Service-Berkemeier, Gütersloh
Druck und Bindung: Ebner Ulm
Umschlagentwurf: Franz Wöllzenmüller, Oberhaching,
              unter Verwendung eines Fotos von Klaus Meyer
Printed in Germany

Inhalt

Der Krabbelgottesdienst im Gesamtkonzept eines kinderfreundlichen Gemeindeaufbaus

Vorwort

Wie eine Neuentdeckung zieht die Kunde von den Krabbelgottesdiensten übers Land. In Städten und Dörfern wenden sich die Gemeinden wieder den Kindern, verstärkt den Kleinkindern zu. Dabei war uns die Sorge um die Kinder doch nur verlorengegangen: Schon Jesus stellte sie in die Mitte der Erwachsenen. Vielleicht haben wir aber auch in oekumenischer Blindheit nur übersehen, was in katholischen Gemeinden seit Jahren am Wachsen war. Dort gibt es deshalb schon eine viel längere Erfahrung mit Gottesdiensten für Kleinkinder. Es scheint – nicht nur auf diesem Arbeitsfeld – die Zeit gekommen zu sein, mehr voneinander zu lernen als sich voneinander abzugrenzen.
Dieses Buch will Erfahrungen mit einem »kinderfreundlichen Gemeindeaufbau« widerspiegeln. Sie haben unter anderem zu den Krabbelgottesdiensten geführt, über die in diesem Band besonders eingehend berichtet wird.

Der Krabbelgottesdienst im Gesamtkonzept eines kinderfreundlichen Gemeindeaufbaus

1. Gottesdienst für die ganz kleinen Kinder

»Wir sind die Kleinen in der Gemeinde, doch ohne uns geht gar nichts, ohne uns geht's schief. Wir sind das Salz in der Suppe der Gemeinde. Egal, was andere meinen, wir machen mit.«

Das ist in vielen Gemeinden die Erkennungsmelodie für den Krabbelgottesdienst geworden. Der Krabbelgottesdienst ist ein Angebot für Kinder zwischen ein bis fünf Jahren. Eigentlich trifft diese Beschreibung nur die Hälfte: Mit den Kindern kommen nämlich auch die Mütter und Väter, oftmals die Großeltern. Andernorts heißen die Krabbelgottesdienste »Mini-Gottesdienste« oder ganz anständig: »Gottesdienste für Kleinkinder und deren Eltern«. Der Name spielt keine Rolle.

Wo dieser Krabbelgottesdienst gehalten wird, erfährt er lebhaften Zuspruch. Es gibt Gottesdienste, die so groß geworden sind, daß der ungewohnt gute Besuch die Gottesdienstform verändert hat. (siehe unten Abschnitt 5.8.) Doch Krabbelgottesdienste sind keine Mammutgottesdienste! Sie sollen eine Einladung der Kirche an die jüngsten Kinder der Gemeinde sein, die dort getauft wurden und die die Gemeinde nicht aus den Augen verliert. Daß Väter und Mütter in das gottesdienstliche Geschehen, in das Singen und Hören genau so intensiv einbezogen sind wie ihre Kinder, liegt nicht zuletzt daran, daß ein solches religiöses Angebot oftmals sowohl für die Kinder als auch für die Eltern Neuland ist – doch davon später.

2. Warum ein eigener Gottesdienst für die Kleinsten?

2.1. Der Gottesdienst der Erwachsenen ist nicht kindgemäß

Wer den sonntäglichen Gottesdienst aus der Praxis kennt, wird unschwer erkennen, wie sehr dieser Gottesdienst auf die Erwachsenen bezogen ist. Für Kinder ist er nicht attraktiv! Sie haben Ruhe zu halten; sie haben zu hören. Sie können sich allenfalls bei den Liedern beteiligen, die freilich in der Regel auch sowohl von der Melodiegestaltung als von der Textwahl her nicht besonders kinderfreundlich sind. Kinder erleben in einem »normalen« Gottesdienst selten Momente, die sie wirklich ansprechen.

Es genügt manchmal schon der Anblick eines Kinderwagens, daß Eltern, überwiegend Mütter, einen skeptischen, verweisenden Blick erhaschen. Den ersten kindlichen Ton quittieren die meisten noch versöhnlich, beim zweiten oder dritten Mal schütteln dann aber erstaunlich viele Gemeindeglieder die Köpfe. Spätestens dann ist es für eine Mutter oder einen Vater an der Zeit, den Kinderwagen und das eigene Kind zu nehmen und den Gottesdienst als Versammlungsstätte der christlichen Gemeinschaft zu verlassen – nichts für Kinder!

Selbst, wenn die Gottesdienstbesucher toleranter wären und nicht allzu oft ein genaues Spiegelbild unserer wenig kinderfreundlichen Gesellschaft, so setzt doch schon die normale Gottesdienstliturgie erhebliche Hürden für die Teilnahme von Kindern, erst recht von Kleinkindern.

Kinder stellen an Gottesdienste sowohl von der Zeit als auch von der Gestaltung her andere Anforderungen. Wenn Erwachsene die meditative Stille, die Erhaben-

12

heit der Choräle und eine theologisch fundierte Ansprache lieben, müssen Kinder unruhig und zu »Störenfrieden« werden, weil sie in der ganzen Liturgie nicht berücksichtigt sind.

2.2. Mit Kindern gemeinsam glauben lernen

Krabbelgottesdienste sind gegenüber den »Erwachsenengottesdiensten« deutlich kürzer, lebhafter, spontaner und elementarer. Sie leben von der Abwechslung, Dynamik und Erzählung. Sie vermeiden das Formelhafte und sprechen direkt an.

Eltern, die Gottesdienste für Kleinkinder erleben, erfahren dadurch auch selbst Hilfe für ihren eigenen Erziehungsauftrag. Sie sind es vielfach selbst nicht mehr gewöhnt, über religiöse Sachverhalte zu reden, ihrem eigenen Glauben Worte zu verleihen, Gebete zu formulieren oder gar biblische Geschichten weiterzugeben. Das deshalb beobachtbare große Interesse an der kindgemäßen Verkündigung ist gerade deswegen so intensiv, weil sie dort etwas erfahren, was sowohl für ihr eigenes Leben wichtig ist als auch zur Weitergabe an die ihnen anvertrauten Kinder neu gelernt werden muß und gebraucht wird.

Kinder und Eltern erleben sich somit als »Familie unter Gott« und machen gerade nicht die Erfahrung vieler Kinder, die sich von den noch schlafenden oder frühstückenden Eltern zum Kindergottesdienst abgeschoben fühlen.

Kinder erleben in solchen Gottesdiensten, daß das Evangelium auch eine Botschaft für die Großen ist und nicht nur ein »Erziehungsmittel«, wozu es so oft mißbraucht wurde. »Gott braucht nicht nur große Leute, nein, er braucht auch mich«, heißt ein Lied, das – deshalb? – gerne gesungen wird.

2.3. Kinder erfahren, daß sie willkommen sind

Wer Kleinkindergottesdienste nicht dazu mißbraucht, die Mütter, Väter oder Großeltern zu erreichen, sondern sich wirklich auf die Kinder einstellt, vermittelt Kindern eine heute selten gewordene Erfahrung: In einer wenig kinderfreundlichen Welt, die von Verboten verkleistert ist, in der angepaßtes Verhalten gefordert wird, in der sich die Aufstehzeiten der Kinder nach der Arbeitszeit der Mütter oder Väter richten, erleben sie einen Ort, an dem sie herzlich willkommen sind. Hier bin ich wichtig! Hier bin ich eingeladen! Hier erfahre ich das »Ja« Gottes zu meiner Existenz! Hier darf ich sein, wie ich bin! Und das Erstaunliche: Gerade weil sie so sein dürfen, wie sie sind, wird ein solcher Kleinkindergottesdienst nicht zum chaotischen Kinder-Wirrwarr, sondern zu einem Gottesdienst, der sich an Aussage und Intensivität durchaus mit Erwachsenengottesdiensten messen kann.

Wie oft staunen Eltern, mit welch gesammelter Aufmerksamkeit Kinder biblischen Geschichten folgen, die kurzen Gebete aufnehmen und beim Segenskreis eine gute Empfindung dafür haben, daß Kinder, Eltern und Pfarrer sich gemeinsam dem anvertrauen, der unsere Zukunft in Händen hält.

Kinder erleben in solchen Krabbelgottesdiensten, daß sie nicht immer erst werdende, »zukünftige Menschen« sind, sondern Menschen, die auch in ihren jungen Jahren wichtig und vollwertig sind.

Kinder erfahren dabei, daß sie in der Kirche tatsächlich »zu Hause« sein können. Unbekümmert erlaufen und erstaunen sie sich den neuen Kirchenraum. Sie sehen Dinge, die wir längst nicht mehr wahrnehmen. Sie bringen durch ihre Fragen Erwachsene zum Nachdenken und in Verlegenheit und leisten damit Nachhilfe-Unterricht für die Großen! Sie erfahren singend, hörend und spielend »ihre Kirche«.

Solch ein Krabbelgottesdienst, in dem Kinder mit Namen bekannt sind und erwartet werden, ist konkurrenzfähig auch zu den Kindersendungen des Fernsehens am Sonntagmorgen. Nicht selten erzählen Väter oder Mütter ganz erstaunt: »Stellen Sie sich vor, sie wollte nicht einmal die Kindersendung im Fernsehen anschauen!«.

2.4. Der Krabbelgottesdienst hilft den Eltern

Das gottesdienstliche Erleben der Kinder geht an den Eltern nicht vorbei. Egal ob alleinerziehend, in der sog. Kleinfamilie lebend, im klassischen Familienmodell oder aber in der Zweitfamilie: Die Hilflosigkeit, das eigene Leben mit Gott zusammenzubringen, ist mit Händen zu greifen. So benötigen Eltern zunächst selbst den Zuspruch Gottes zu ihrer Existenz, zugleich aber auch Hilfe, um die in der Taufe übernommene Verpflichtung der Glaubensbezeugung erfüllen zu können.

Der Krabbelgottesdienst bietet den Eltern hierfür die Möglichkeit, sich mit ihren Kindern dem Anspruch Gottes zu stellen, ohne daß sie selber reden müssen oder gefordert sind.

Der Krabbelgottesdienst gibt den Eltern Modelle, wie sie selbst von Gott reden können.

Mit den Liedern des Krabbelgottesdienstes bekommen Eltern Material in die Hand, das sie mit ihren Kindern jederzeit wieder aufgreifen können. Für Kinder ist es ein Anknüpfungspunkt, für Eltern oft eine einfache Möglichkeit, in vorgegebener Weise Glaubensüberzeugungen weiterzugeben. Sie können sich gewissermaßen hinter gesicherten Formulierungen »verstecken«.

Krabbelgottesdienste, die miteinander erlebt werden, sind ansteckend für weitere Gespräche. Vor allem dann, wenn Kinder vom Gottesdienst etwas mit nach Hause bringen, sind solche Gespräche unausbleiblich. Gerade die dem Traditionsgut entwöhnten und sprachlich damit Neuland betretenden Eltern erlernen so sehr schnell, »weltlich von Gott« zu reden, indem sie nacherzählen.

3. Mit der Taufe fängt alles an

3.1. Die Kirche hat die Taufe »neu« entdeckt

Der Krabbelgottesdienst ist »geboren« worden, als die Kirche ihre Taufpraxis neu überlegte und die Kindergottesdienst-Zahlen stagnierten. Der Krabbelgottesdienst ist also zu dem Zeitpunkt entstanden, als die Gemeinden sich genötigt sahen, ihre bisherige Praxis des Umgangs mit kleinen Kindern zu überdenken. Das war in den ausgehenden 70er Jahren.

Ohne die gesamte Dimension der Taufe hier darzustellen, bedeutete das für die gemeindliche Praxis ein deutliches Aufwachen aus dem Schlaf der Sicherheit. Hatte man noch vor Jahren die Taufe als volkskirchliche Selbstverständlichkeit betrachtet, so machte die steigende Zahl ungetaufter Kinder sehr schnell darauf aufmerksam, wie wenig selbstverständlich die Inanspruchnahme der Taufe und erst recht die Bereitschaft zur christlichen Erziehung in einer »nachchristlichen Gesellschaft« eigentlich ist. Je mehr in der Gesellschaft das Bewußtsein für die Notwendigkeit der Taufe verlorenging, um so mehr wird das Erbitten der Taufe zu einer herausragenden Entscheidung, zu einem Bekenntnisakt. Die Taufe wird von Eltern begehrt, die für ihr Kind das Beste wollen. Die Taufe wird von Eltern erbeten, die ihren Kindern dazu verhelfen wollen, ihr Leben bewußt und »richtig« gestalten zu lernen.

Zu dieser Lebensgestaltung gehört der Glaube. Glaube ist nichts Zusätzliches, gleichsam wie ein Rucksack dem Leben noch aufgebürdet. Das Leben im Bewußtsein der Gegenwart Gottes gibt vielmehr der Lebensaufgabe ihren Rahmen und ihr Ziel. Das Leben wird zum Weg, auf dem man mit Gott und zu ihm hin unterwegs ist. Manchmal erkennt man ihn deutlicher, so wie die Jünger auf dem Weg nach Emmaus. Manchmal scheint es, daß man diesen Weg alleine geht.

So, wie die heutige Elterngeneration den Entschluß zur Taufe sehr bewußt faßt und nicht aus Gewohnheit den Weg zum Pfarrer antritt, so haben auch die Kirchen und die theologischen Ausbildungsstätten erneut gelernt, die Taufe wieder bewußt in den Blick zu bekommen und ihre Chance neu zu nützen.

3.2. Erneuerte Taufpraxis

3.2.1 Das Taufgespräch

Ganz generell geht jeder Taufe ein ausführliches Taufgespräch voran. Dieses Taufgespräch sucht den Kontakt mit den Eltern und würdigt ihre Entscheidung, in einer pluralen Gesellschaft mit ihrem vielfältigen Angebot an Lebensentwürfen sich für die christliche Form der Lebensbewältigung entschieden zu haben. Die spätere Tauffrage: »Wollt ihr, daß euer Kind getauft wird?« ist nicht mehr nur ein uraltes Taufformular, sondern eine Frage, die wieder an Aktualität gewonnen hat. Auch die Antwort der Eltern »Ja, mit Gottes Hilfe« hat deshalb einen neuen Klang und neue Bedeutung gewonnen.

Das Taufgespräch nimmt die zu erwartende Lebenssituation des Kindes in den Blick, wird Erziehungsvorstellungen der Eltern ansprechen und dabei Möglichkeiten und Hilfen zur religiösen Erziehung des zu taufenden Kindes diskutieren. Die meisten Mütter und Väter werden hier ein erstes Mal mit den Angeboten der Gemeinde für junge Familien bekannt.

Natürlich wird auch die Tauf-Feier exakt durchgesprochen, damit ein bewußtes Mitfeiern möglich ist. Häufiger nehmen auch die Paten beim Taufgespräch teil und sprechen im Rahmen des Taufgottesdienstes die Fürbitten.

3.2.2 Das Patenamt

Wie eben angedeutet, hat sich im Nachdenken über die Taufkonsequenzen auch die Einschätzung des Patenamtes erneuert. Der Pate als Vertreter der christlichen Gemeinde wird deshalb vielerorts zum Taufgespräch eingeladen oder durch einen »Patenbrief« auf seine besondere Verpflichtung hin motiviert.
Für meinen Verantwortungsbereich habe ich vor einigen Jahren den folgenden Patenbrief entworfen. Der Text fand längst viele Nachahmer:

»Sie sind bereit, das Patenamt zu übernehmen. Ich freue mich darüber. Sie übernehmen damit einen Dienst, der recht unterschiedlich geprägt ist.
Im englischsprachigen Bereich nennt man den Paten Godfather bzw. Godmother, d.h. Gott stellt Sie an die Seite der Eltern.
Bei uns herrscht oftmals der Gedanke vor, daß man sein Patenkind nicht im Stich läßt, wenn den Eltern etwas zustoßen sollte. Beide Erwartungen umreißen die Weite Ihres neuen Amtes.
Damit Sie noch vor der Taufe selbst überlegen können, was das Patenamt für Sie bedeutet, gebe ich Ihnen einige Ideen weiter, die andere Paten vor Ihnen schon entwickelt haben.
Wahrscheinlich haben Sie sich selbst schon vorgenommen, daß Sie Ihr Patenkind so oft wie möglich begleiten. Die Erinnerung an den Tauftag, die besonderen Festtage im Leben Ihres Taufkindes, aber auch Krankheitszeiten sind sicher ein Anlaß für einen Besuch, einen Gruß oder ein sinnvolles Geschenk. Sie verstehen das hoffentlich richtig: Sie sind Pate, nicht Geschenkebringer vom Dienst.

Reizvoll fand ich die Idee, den Taufspruch als Wandbild zu gestalten. Kinder gewinnen damit einen Bezug zu ihrer Taufe.

Manche berichten davon, daß Fingerspitzengefühl dazu gehört, Eltern bei der Erziehung zu begleiten. Am leichtesten wird das wohl sein, wenn Sie den Kontakt mit den Eltern nicht abreißen lassen. Sicher wird es sich auch ermöglichen lassen, daß Sie Ihr Patenkind immer wieder mal einladen. »Erfahrene« Paten berichten darüber, daß solche Besuche für die Kinder außerordentlich wichtig sind. Kinder erleben dabei, wie eine andere Familie lebt, wie sich dort der Tag und die Freizeit gestalten. Unter Umständen erleben sie dabei auch andere religiöse und kirchliche Sitten. Sie merken es ja vermutlich selbst, wie schwer uns das Feiern von Tauftagen oder Festen fällt und Bräuche verflachen. Hier einen eigenen Stil zu finden, ist nicht nur für Ihr Patenkind wertvoll.

Andere berichten davon – und diese Erfahrung wünsche ich Ihnen auch –, daß Patenkinder einen selbst durchaus bereichern. Sie stellen Fragen, die wir oftmals verdrängen. Sie sind neugierig auf's Leben und man kann von ihnen noch das Staunen lernen. Man hört so etwas, wenn man gelegentlich gemeinsam zum Gottesdienst geht oder einfach mal mit ihnen unterwegs ist. Ganz nebenbei gesagt, fängt die religiöse Erziehung nicht erst im Kindergottesdienst an, sonden viel früher. Dann nämlich, wenn Kinder zu fragen beginnen.

Weil das Erfahrungen von vielen waren, sind es viele Anregungen geworden. Wählen Sie aus oder erfinden Sie Ihre eigene Art. Gleich, wie Sie Ihr neues Amt nun gestalten, wichtig wäre wohl, daß Ihr Patenkind einen Paten erlebt, den Gott an seine Seite gestellt hat.

Bis zum Tauftag bin ich mit herzlichen Grüßen Ihr«

Selbstverständlich erhält die Patin bzw. der Pate bei der Tauffeier einen Patenbrief, der seinerseits das neu übernommene Amt in seiner Verantwortung betont, aber auch Modelle liefert, dieses Amt auszuführen. Der Markt der Verlage bietet dazu genügend Anregungen.

3.2.3 Tauffeier

Auch in evangelischen Kirchen hat die Taufkerze wieder Einzug gehalten. An der Osterkerze entzündet, wird sie den Eltern mit der Bitte überreicht, diese Taufkerze jeweils am Jahrestag der Taufe zu Hause aufzustellen. Diese Taufkerze möchte alljährlich das Gespräch darüber anregen, was die Taufe im vergangenen Jahr bedeutet hat und was sie für das kommende Jahr an Hoffnung mit sich bringt. Auch Eltern werden dabei an ihr Getauftsein erinnert.

In manchen Gemeinden werden diese Taufkerzen von einem kleinen Kreis selbst gestaltet. Sie sehen nicht immer so profihaft gestaltet wie aus dem Spezialgeschäft aus, aber sie sind sicherlich origineller, persönlicher und manchmal auch den Kindern zugängiger. Sie sind vor allem ein Ausdruck dafür, daß sich eine Gemeinde um die neu in ihrer Mitte getauften Kinder kümmert.

Über die Taufe hinaus weist nicht nur die Taufkerze, sondern unter Umständen auch die immer häufigere Videoaufnahme bzw. die Fotoaufnahmen von der Tauffeier. Eine behutsame Absprache vor der Tauf-Feier, die deswegen nicht zur »Pressekonferenz« werden soll, ermöglicht es mit Sicherheit, daß für spätere Familienfeiern solche Dokumente vorhanden sind. Es ist gar nicht abzuschätzen, wie oft sich Taufansprachen als Videoaufnahme im Familienkreis wiederholen! So kann es einem bei Konfirmationsfeiern passieren, daß man sich selbst wieder begegnet – bei einer Tauf-Feier, die vor 14 Jahren stattfand.

3.3. Die Taufe als Start zur »kinderfreundlichen Gemeinde«

Kinderfreundlich war die Kirche eigentlich schon immer. Jedenfalls ist das ihr Anspruch, seit Christus ein Kind in die Mitte der Erwachsenen gestellt hat. Seither hat sich die christliche Gemeinde um ihre Kinder gesorgt. Doch wohl noch zu keiner Zeit war die Bemühung um das Kind in der Gemeinde so intensiv wie in der Gegenwart. Die Konzeption eines kinderfreundlichen Gemeindeaufbaus wird nirgends mehr ernsthaft hinterfragt. Lediglich die personellen und räumlichen Gegebenheiten setzen den Rahmen für eine erweiterte oder begrenzte Arbeit mit Kindern und mit jungen Familien.

3.3.1 Mutter-Kind-Arbeit

Ohne die Mutter-Kind-Arbeit wären die Krabbelgottesdienste vermutlich nie entstanden. Wie ein Lauffeuer verbreitete sich die Mutter-Kind-Arbeit seit Ende der 70er Jahre in den Kirchengemeinden. Weil diese Arbeit für die Krabbelgottesdienste so wichtig wurde, ist ihr ein eigener Abschnitt (4.) eingeräumt.

3.3.2 Taufeltern-Seminare

Vor der Geburt sind die Fragen der Eltern meistens am dringendsten: Was wird uns für eine Aufgabe erwachsen? Wie wird sich unser Alltag dadurch verändern? Was können wir für unser Kind tun? Wie können wir unsere unmittelbare Umgebung kinderfreundich gestalten? Was wollen wir unserem Kind unbedingt mitgeben? Die Vorsätze in den letzten Monaten der Schwangerschaft weichen oftmals sehr schnell dem ernüchternden Alltag, den langen Nächten und der Beanspruchung durch Beruf und Haushalt. Rasch versickern die Fragen! Taufeltern-Seminare sind der Versuch, diese als wichtig erkannten Fragen nicht untergehen zu lassen. Die Eltern eines Taufjahrgangs werden zu »einmaligen Veranstaltungen«, zu einem »Taufeltern-Seminar« oder gar zu einem gemeinsamen »Familienwochenende« eingeladen. Neben dem gegenseitigen Berichten, wie man die neue Situation bewältigt, kommen die gemeinsamen Fragen auf. Neben dem literarischen Angebot hat hier die Gemeinde ihren genuinen Platz in der Beratung von Müttern und Vätern.

3.3.3 Taufgedächtnis-Gottesdienste

Überraschend schnell hat sich in diesem Zusammenhang auch der Brauch der Taufgedächtnis-Gottesdienste eingeführt. Im Grunde sind diese Gottesdienste Krabbelgottesdienste, die einmal im Jahr stattfinden. Ob man dazu schon motiviert ist, weil die Gemeinde kurz nach der Taufe um ein Bild des Täuflings gebeten hat, das seither an der Wand der Taufecke hängt, oder ob man nur durch einen herzlichen Brief zum Taufgedächtnis-Gottesdienst eingeladen wurde: Auch solche Gottesdienste sind Anlaß, darüber nachzudenken, welche Rolle die Taufe im Leben der Großen und im Leben der Kinder spielt.

3.3.4 Geburtstagsbriefe

Von Skandinavien her kam der Brauch, den getauften Kindern zu ihrem Geburtstag oder alternativ dazu zu ihrem Tauftag einen Gruß ihrer Kirchengemeinde zu senden. Das ist sicherlich eine ungewohnt aufwendige Art, insbesondere, wenn sie sich über die Jahre hinzieht;

aber es ist ebenso sicher eine ständige Erinnerung, daß die christliche Gemeinde stets mit den von ihr Getauften rechnet.

Für hiesige Verhältnisse fast unvorstellbar ist die finnische Praxis, daß Kinder zum 4. Geburstag von ihrem Gemeindpfarrer besucht werden. Und das klappt!

3.3.5 Kinderfest und Kinderausflug

Fast schon zur Selbstverständlichkeit sind die Kinderfeste einer Gemeinde geworden, egal ob es sich um ein familienfreundliches Wochenende handelt, das mit einem Kinderstraßenfest beginnt und im Sommerfest der Großen endet, ob am Sonntag nach einem vorangehenden Krabbelgottesdienst die Familien mit ihren Kindern auch den Nachmittag über im Gemeindezentrum verbleiben oder ob erst in der Adventszeit zu einem gemeinsamen Bastelnachmittag eingeladen wird: Der Kindernachmittag bzw. das Kinderfest gehören zu den Fixpunkten eines Gemeindejahres.

Oft, aber bei weitem nicht so häufig laden Gemeinden zu einem Kinderausflug ein. Mit öffentlichen Verkehrsmitteln oder einem gemieteten Bus findet sich schnell ein attraktives Ziel. Notwendig ist eine große Schar von Mitarbeitern, die die Kinderbetreuung übernehmen. Eltern bieten sich hierzu zwar meist nicht freiwillig an, man wird aber erstaunliche Resonanz finden, wenn man sie um diesen Dienst bittet. Kleinkinder sollten dabei immer in der Gruppe ihrer Mütter bzw. Väter bleiben.

3.3.6 Der gemeindliche Kindergarten

Eine Kirche, die Kinder tauft, wird sich die Frage stellen müssen, ob sie nicht durch das Angebot eines Kindergartens ihre Verantwortung für die getauften Kinder in besonders deutlicher Weise wahrnehmen kann. Solche Kindergärten werden zwar manchmal lediglich als das soziale Aushängeschild der christlichen Gemeinde verwendet, in Wirklichkeit bieten sie die großartige Chance, Kinder nicht nur in kognitiver, sozialer und emotionaler Hinsicht zu begleiten, sondern auch zur Entwicklung der spirituellen Empfänglichkeit beizutragen. Nicht umsonst trägt ein Werkbuch über religiöse Erziehung den Titel »Mit Staunen fängt es an«.

Wie schon bei der religiösen Erziehung im Familienkreis wird es auch im Kindergarten darauf ankommen, daß die religiöse Erziehung nicht aufgesetzt, fast stundenplanmäßig erfolgt, sondern integriert ist in die thematische Arbeit des Kindergartens. Gerade die religiösen Bezüge der verschiedenen Themen – »Ich und der andere«, »Herbst«, »Meine Familie und ich«, »Andere leben anders« – usw., lassen die lebensgestaltende Bedeutsamkeit unserer Glaubensüberzeugung erkennen.

3.3.7 Kindergottesdienst

Zum Schulanfang erreicht schließlich die Einladung zum Kindergottesdienst die ehemals Getauften. Es ist wohl auch eine überlegte, aus der Sonntagsschultradition stammende Ordnung, daß Kindergottesdienste erst für Schulkinder angeboten werden. Entsprechend den wachsenden Kenntnissen und Fähigkeiten gibt es dort altersspezifische Angebote für die Kinder zwischen dem 6. und 13. Lebensjahr.

Freilich ist in den letzten Jahren deutlich zu beobachten, daß nicht nur jüngere Geschwister zum Kindergottesdienst mitkommen, sondern der Kindergottesdienst insgesamt von sehr viel jüngeren Kindern – oft ab dem 3. Lebensjahr – besucht wird. Damit geht einher, daß der Kindergottesdienst für die älteren Schulkinder immer uninteressanter wird. Wo Erstklässler und Kindergartenkinder vertreten sind, fühlt sich ein Sechstklässler nicht mehr wohl!

Der Krabbelgottesdienst will mit seinem speziellen Angebot für die Kleinsten in der Gemeinde deshalb den Kindergottesdienst wieder den Schulkindern überlassen. Die Kleinsten sollen nicht ständig überfordert, die Schulkinder nicht unterfordert werden.

3.3.8 Religionsunterricht für Nicht-Getaufte

Nicht zu unterschätzen für die christliche Sozialisation ist der in vielen Bundesländern noch übliche Religionsunterricht, der überwiegend von kirchlichen Lehrkräften erteilt wird. Bei allen Klagen, die man auch darüber hören kann, stellt diese Situation doch eine einmalige Chance dar, Kindern bei ihrer Lebensbewältigung und -orientierung hilfreich zur Seite zu stehen. Gerade in einer Zeit, wo Taufen älterer Kinder zunehmen, wird dieser Religionsunterricht nicht selten zur Einladung an die noch nicht getauften Kinder. Was soll man sich mehr wünschen, als daß Kinder von sich aus ihre Eltern ansprechen und um die Taufe bitten! Ungetaufte Kinder sind deshalb einzuladen zum Krabbel- und Kindergottesdienst, aber auch zum Religionsunterricht zuzulassen.

3.3.9 Familienfreizeit, Familienwochenende

Eine Gemeinde, die sich erst einmal auf die Anforderungen der Familienarbeit eingelassen hat, wird um Familienfreizeiten oder Familienwochenenden kaum herumkommen. Sie wird vielmehr die Möglichkeiten dieser längeren Begegnung nützen. Während Familienfreizeiten vor Jahren noch oftmals unter dem Aspekt des preisgünstigen Familienurlaubs liefen, hat sich heute die Motivation zur Gemeindepädagogik hin verlagert. Familienfreizeiten und Familienwochenenden wollen einen Beitrag dazu leisten, daß Kinder zusammen mit ihren Eltern gemeinsam glauben lernen.

Verblüffend oft stellt man dabei fest, wie wenig Familien wirklich gemeinsam miteinander spielen, reden und leben. Sie erwarten deshalb von einer Familienrüstzeit, daß es dort ein separates Kinder- und ein eigenes Erwachsenenprogramm gibt. Das Wesen einer Familienrüstzeit aber ist gerade, daß möglichst viel Zeit gemeinsam gestaltet und erlebt wird. Auch hierfür ist die Mutter-Kind-Arbeit eine geradezu beispielhafte Vorstufe. Von ihr soll deshalb nun eigens die Rede sein, auch wenn diese Arbeit natürlich nicht aus dem »kinderfreundlichen Gemeindeaufbau« herausfällt.

4. Mutter-Kind-Arbeit

Zweifelsohne der stärkste Impuls für einen eigenständigen Kleinkinder-Gottesdienst erwuchs aus der Mutter-Kind-Arbeit. Wo diese Arbeit mehr ist als nur eine Kaffee-Tafel für Mütter oder Väter oder ein beaufsichtigter Abstellplatz für Kinder, wird dieser Arbeitszweig als Fortsetzung des mit dem Taufgespräch und der Taufe begonnenen Kontaktes zwischen Kirche und Eltern verstanden. Gewöhnlich trifft man sich wöchentlich oder alle 14 Tage.

Mütter und Väter, die auf ihre neue Aufgabe vielfach kaum vorbereitet sind, lernen dort, mit ihren Kindern gemeinsam zu spielen, zu singen, sie entdecken und entfalten gemeinsam musische und kreative Fähigkeiten, lernen sich untereinander kennen und werden so zu einer Gemeinschaft, zu einer Zelle innerhalb der Gemeinde.

Solche Mutter-Kind-Arbeit muß gründlich und liebevoll geplant sein. Die Mütter, die zur Übernahme eines Kreises bereit sind, können von ihren Gemeinden nicht allein gelassen werden. Mutter-Kind-Treffen, die ohne gemeindliche Anbindung arrangiert werden, werden zwar zahlenmäßig sicher von ebenso vielen Müttern und Kindern besucht, sind aber oft frei von jeglichem religionspädagogischen Anspruch, den eine gezielte Mutter-Kind-Arbeit doch erheben sollte. Ein Teil des gemeinsamen Nachmittags sollte so geplant und gestaltet sein, daß Mütter bzw. Väter und deren Kinder *Gemeinsames* tun bzw. wahrnehmen.

So beginnt ein Mutter-Kind-Treffen etwa nachmittags um 15.30 Uhr, damit für die Kinder die Möglichkeit besteht, mittags noch auszuschlafen. Nach dem gegenseitigen Begrüßen findet sich die gesamte Runde zu einem »Stuhlkreis« zusammen. Mütter und Kinder singen und spielen gemeinsam. Oftmals lernen Kinder schneller als ihre Mütter. Sie basteln gemeinsam und man kann ihnen durchaus zumuten, das dazu benötigte Material von zu Hause mitzubringen. Das gemeinsame Anfangslied wird zum Schluß nochmal gesungen; dann trennen sich Mütter und Kinder. Die Mütter gehen an ihren Tisch zum wohlverdienten Kaffee-Klatsch. Die Kinder haben längst Durst bekommen nach der ersten gemeinsamen Aktion und stürzen sich auf bereitgestellte Säfte.

Während sich die Kinder nun selbst beschäftigen und das dazu bereitgestellte Spielzeug untereinander aufteilen, sich gelegentlich auch darüber streiten, sitzen die Mütter im gleichen Raum an ihrem Tisch. Sie tauschen ihre Erfahrungen aus. Die neue Situation als Mutter oder Vater ist immer beliebter Gesprächsgegenstand, ebenso Kinderärzte, Kinderkrankheiten, Spielplätze und anderes. Es kann überhaupt nicht ausbleiben, daß auch Fragen auftauchen, die unmittelbar in den religiösen Bereich hineinführen. Einfach deshalb, weil Kinder diese Fragen stellen und Mütter und Väter dadurch in Verlegenheit bringen. »Was hätten Sie denn gesagt …?« ist meist die Einleitung zu solch einem Gespräch, das ebenso schnell wieder in die Normalität zurückfindet, wie es oftmals nachmittagsbestimmend sein kann.

Auch ein »zufällig« auf dem Tisch liegender Gegenstand oder das Wandkreuz können ein Gesprächsimpuls sein. Wer die Kirchenjahreszeit auch darin ernst nimmt, daß er den »Muki-Raum« jeweils unterschiedlich gestaltet, wird allein durch diese stetige Veränderung zu Gesprächen beitragen.

Taufvorbereitungen oder die Schwangerschaft einer der Mütter im Mutter-Kind-Kreis sind ebenso ein Anlaß Fragen zu stellen, die man sonst verdrängt und die doch immer zugleich Fragen nach dem Leben vor Gott sind. Es bedarf wirklich keines gorßen Drängens, daß sich in einer solchen Runde immer wieder religiöse Fragen zu Wort melden.

Als Beispiel hierfür ein Gruppen-Protokoll aus der Mutter-Kind-Arbeit einer Münchner Gemeinde:

19. April: Ich bin getauft

»Diesmal ist der Tisch der Kinder eine Tafel! Eine weiße Papiertischdecke, in der Mitte ein Strauß rosa Moosröschen, Servietten, Becher, Teller. Wir feiern heute ein Erinnerungsfest zur Taufe, machen zuerst Musik mit *Orff-Instrumenten* und *singen*: »Ich freue mich und springe …«, »Kommt alle her, halli, hallo …«, »Paß auf kleines Auge, was du siehst …«, evtl. »Meinem Gott gehört die Welt …«. Dann schauen wir uns ca. *10 Dias an.* Kirche von außen, unseren Taufstein, Pfarrer, Eltern mit Baby, Taufhandlung, Auszug, Taufkerze, Erwachsenentaufe und reden kurz darüber, wie es bei uns auch war. Schön wäre noch ein Baby (Puppe) mit Taufkleid. Jeder darf es mal im Spiel auf einen Namen taufen. (Ich habe es nicht gemacht, wäre gut gewesen.) *Wir zünden unsere mitgebrachten Taufkerzen an und stellen sie auf die Tafel, dann essen wir Kuchen und feiern.* Am Schluß

bekommt jedes Kind ein Moosröschen zur Erinnerung. Ein Junge aus unserer Gruppe hatte an diesem Tag 3. Geburtstag und konnte ihn nicht mit uns feiern, da er im Krankenhaus lag. – So malten wir ihm jeder eine Karte (Karton) und die Mütter schrieben Glückwünsche und Namen drauf. Die brachten wir ihm mit einem Buch von Janosch: »Ich mach dich gesund, sagte der Bär« und den übrigen Röschen ins Krankenhaus.«
Protokoll vom 19.4.1989, Dankeskirche München, veranstaltet und prokotolliert von Marion Meyer.

Aus dieser Mutter-Kind-Arbeit, die ihren theologischen und pädagogischen Auftrag nicht verleugnet, ist vielerorts das Bedürfnis nach einem eigenen Kleinkinder-Gottesdienst erwachsen. Die Mütter klagten zum einen über die ihnen auferlegte gottesdienstliche Abstinenz, zum anderen bringt die Erziehungsaufgabe mit sich, daß sie sich religiösen Fragestellungen neu öffnen. Sie suchen nach Antworten, erst recht nach kindgemäßen Antworten. Sehr oft freilich tarnt sich hinter diesen »Fragen für das Kind« die eigene Suche nach Orientierung.
Wer sich in die Mutter-Kind-Arbeit hineinbegibt, wird deshalb über kurz oder Lang mit dem Wunsch konfrontiert, für die Kinder und deren Eltern ein eigenes gottesdienstliches Angebot zu überlegen.

5. Der Krabbelgottesdienst

Den Krabbelgottesdienst hat es noch nie gegeben und gibt es nicht. Die Gemeinden, die zu Beginn der 80er Jahre mit gottesdienstlichen Modellen für Kleinkinder zu experimentieren begannen, haben die Krabbelgottesdienste aus der jeweiligen Arbeit vor Ort heraus entwickelt. Demzufolge sahen diese einzelnen Versuche auch sehr unterschiedlich aus und so kann man auch heute immer noch verschiedene Typen von Krabbelgottesdiensten feststellen, davon später unter 5.7.

Wenn im Folgenden versucht wird, einen Krabbelgottesdienst zu skizzieren, so kann es sich also nur um einen Grund-Typus handeln, der sich in mehr oder weniger abgewandelter Form bewährt hat.

5.1. So sieht ein Krabbelgottesdienst aus

Von Müttern getragen, von Vätern an der Hand genommen oder aber schon auf eigenen Beinen kommen sie: die beim Mutter-Kind-Treff durch einen eigenen Brief oder durch den Gemeindebrief eingeladenen Kinder, Eltern, nicht selten auch die Großeltern und Paten.

Es kommen auch Erwachsene ohne Kinder. Ob ihnen die »einfache« Verkündigung selbst gut tut? Ob sie für sich selbst lernen wollen, weil sie in der Familie Kinder haben oder Paten sind?

Die Glocken läuten. Die Kinder wissen vom ersten Krabbelgottesdienst her längst, daß das Glockenläuten ein Zeichen ist: Sie sind hier herzlich eingeladen.

Auch Kinder, die nur ein einziges Mal beim Krabbelgottesdienst waren, gehen freudestrahlend auf die Frau bzw. den Mann zu, der sie am Kircheneingang erwartet. Eine Pfarrerin oder ein Pfarrer mit der/dem man zusammen auf dem Altarteppich gesessen hat und biblische Geschichten hörte, ist nicht mehr fremd. Jeder wird begrüßt; – wenn es geht, mit Namen. Das ist für Kinder noch wichtiger als für Erwachsene. Es zeigt, daß sie bekannt sind, daß sie erwartet werden.

Es ist merkwürdig: Obwohl viele Kinder kommen, ist es leiser als man vermutet. Die Orgel spielt leichte Weisen. Auch die Kirchenmusiker müssen sich auf die Kinder einstellen, nicht nur die, die diesen Gottesdienst sonst vorbereitet haben und gestalten. Wo alles ideal läuft, ist der Organist sogar bei der Vorbereitung dabei als Fachmann für Kinderlieder.

Dann das Eingangslied »Wir sind die Kleinen in der Gemeinde, doch ohne uns geht gar nichts. Ohne uns geht's schief ...« Selbstverständlich singen wir auch andere Lieder, siehe unten 6.2., aber nach wie vor sind die »Kleinen« der große »Schlager«. Das braucht der Krabbelgottesdienst: die Wiedererkennbarkeit, die Wiederholung, die Kinder so gerne mögen und die zugleich Atmosphäre schafft.

Anschließend die Begrüßung, die in ein freies Gebet übergeht. Gebete, die von Zetteln abgelesen werden, sind für Krabbelgottesdienste untauglich. Wer mit Kindern betet, muß Kindern zeigen, daß er zum Beten keine schriftliche Vorlage braucht, daß Beten keinen Katalog von Themen abhandeln muß, sondern unmittelbare Zuwendung zu Gott ist.

Dann wieder ein Lied, ein Kanon. Klar, daß man mit Kindern in diesem Alter keine anspruchsvollen Kanons singen kann, aber die Eltern singen mit und wenn erst einmal die Mütter »gegen« die Väter singen, die Großmütter »gegen« die Großväter, die Jungen »gegen« die Mädchen, dann findet sich doch der richtige Takt und es finden sich auch genügend Kanons oder Lieder, die kindgemäß genug sind, um miteinander gesungen zu werden.

Nun laden wir die Kinder ein, zum Altar zu kommen. Es *muß* kein Kind kommen. Für kleine Kinder ist es ein großer Entschluß, Mutter oder Vater zurückzulassen. Manche kommen erst im Laufe der Erzählung, weil sie sehen, daß den Kindern da vorne nichts passiert, und daß man doch manches besser mitbekommt und hört als in den Reihen.

Die Kinder kommen nach vorne. Die Routiniers sind die ersten. Neu Hinzugekommene trauen sich auch. Wir setzen uns auf den dicken, weichen Altarteppich. Auch im Winter ist er nicht kalt. Manchmal sitze ich auch auf einer Abendmahlsbank. Rechts und links neben mir und vor mir die Kinder. Ich suche ihre Augen. Dieser Blickkontakt ist wichtig. Nicht deshalb, weil wir Kindern etwas suggerieren möchten, sondern weil wir sie gewinnen möchten für das, was wir erzählen. Ich erzähle von Jesus, der die Kinder lieb hat, ich erzähle von Josua, der einmal so klein war, wie die Kinder, die vor mir sitzen, der mit seinen Eltern unterwegs war und in der Geschichte Gottes ganz wichtig wurde. Ich erzähle vom Beginn unserer christlichen Karriere: vom Taufstein. Ich erzähle vom Urlaub und seinen Schönheiten, die wir erleben werden oder erlebt haben. Ich erzähle ganz einfach. In kurzen Sätzen. Nicht lang. Das Geheimnis des Krabbelgottesdienstes ist es, daß er nicht länger als 20 Minuten dauert. Natürlich sind es schon einmal 25 Minuten geworden. Aber das ist selten!

Meist gehe ich nach dieser Erzählung zum Altar. Dort liegen Leporellos für die Kinder. Manchmal sind es auch kleine Heftchen aus der Serie »Was uns die Bibel erzählt«. Am Erntedank-Fest waren es Äpfel vom Erntedank-Altar, an Weihnachten kleine Krippenfiguren. Wichtig ist, daß jedes Kind etwas in der Hand hat. Es ist schlimm, wenn es für ein Kind nicht mehr reicht! Aber auch für uns, denn wir wollen mit unseren »Präsenten« etwas erreichen: Wir sehen uns die Bilder an, rufen uns die Geschichte damit noch einmal in Erinnerung. Zum Schluß stecken die Kinder ihre Heftchen fest in die Hosentasche oder unter den Pullover. Sie werden mittags oder nachmittags mit den Eltern zusammen die Geschichte noch einmal ansehen, die sie dann zu Hause erzählen oder mit Hilfe der Eltern wiederholen.

Kaum sitzen sie wieder bei ihren Eltern, schließt sich ein ganz kurzes Gebet an. Das Gebet ist auch wieder ohne Textvorlage. Die Texte bei den Modellreihen (siehe unten 7.2.) sind deshalb »nachgeschriebene« Gebete. Das Vaterunser hat bei mir immer dazu gehört, auch wenn andere darüber diskutieren, ob das Herrn-Gebet kindgemäß genug ist. Kennt die christliche Tradition nicht seit jeher auch das fürbittende, stellvertretende Gebet?

Wir nehmen uns an den Händen zum Segenskreis. Kein Kind und kein Erwachsener soll alleine sein. Wir bitten um den Segen Gottes und wissen: »Wenn wir jetzt weitergehen, dann sind wir nicht allein.«

Wenn wir ohne Segenslied, mit einer der traditionellen Segensformeln geschlossen haben und noch Zeit bleibt, dann singen wir etwa: »Heut' ist ein schöner Tag« oder »Ich bin bei euch alle Tage, seid nicht bang«, siehe unten 6.2.

5.2. Auch der Krabbelgottesdienst braucht eine Liturgie

Unter Liturgie verstehen viele Gottesdienstbesucher etwas Starres, eine Art Fahrplan durch den Gottesdienst, ein traditionelles Element vergangener Zeit, etwas Einengendes, das die Spontaneität ausschließt. Liturgie ist etwas ganz anderes: Liturgie ist der Rahmen, der die Begegnung der Kinder mit dem Anspruch Gottes ermöglicht. So wenig wir das »machen« können, so sehr ist doch zugleich die bewußte liturgische Gestaltung eine Ermöglichung solcher spirituellen Erfahrung. Zur Liturgie des Krabbelgottesdienstes gehört daher bereits die Überlegung, wo der Gottesdienst stattfindet. Ich plädiere ganz eindeutig für die Kirche! Selbst der nüchternste Sakralraum schafft mehr Atmosphäre als ein liebevoll hergerichteter Gemeinderaum. Kinder spüren, dies ist kein Raum wie jeder andere. Das ist der Raum, in dem wir Gottesdienst feiern: Altar, Taufstein, Predigtpult, Orgel. Wir lernen sie im Verlauf unserer Krabbelgottesdienste alle einzeln kennen. Kinder entwickeln eine Beziehung zu ihnen. Sie sind Symbole. Auch die Erzählung auf dem Teppich vor dem Altar ist ein Symbol für sich. Kinder empfinden das oft einfühlsamer als Erwachsene.

Wie sehr diese Atmosphäre das Zusammensein bestimmt, beobachtet man beim Betreten des Gottesdienstraums. Man sieht es den Familien an, wie unterschiedlich ihre Beziehung zur Kirche ist: Die einen gehen in einen Versammlungsraum. Die anderen knien nieder und bekreuzigen sich. Andere ermahnen ihre Kinder, ruhig zu sein. Wieder andere nützen die Zeit zum Gespräch miteinander. Es ist ganz selten, daß Kinder laut in die Kirche hineinrennen, gar den Altarraum oder die Kanzel stürmen oder von Bank zu Bank turnen. Die Atmosphäre des Kirchenraums setzt sich ganz nachfühlbar durch.

Nicht nur der Ort, auch der Ablauf des Gottesdienstes bestimmt das Erleben von Kindern und Eltern. Der Krabbelgottesdienst darf kein Abenteuer sein. Ich muß wissen, worauf ich mich einlasse. Dann fühle ich mich wohl. Unser Krabbelgottesdienst hält sich deshalb meist an das unter 5.1. geschilderte Schema. Diese Schrittfolge ermöglicht wichtige, grundlegende religiöse Erfahrungen:

Das Eingangslied löst die Kinder und die Großen aus ihren bisherigen Gedanken. Es stimmt ein auf die Situation und das besondere Anliegen der kommenden 20 Minuten.

Das Gebet bringt mein Leben mit Gottes Wirklichkeit zusammen. Mit dem Allmächtigen kann man reden. Für ihn bin ich keine unbekannte »Nummer«. Er ist nicht nur ein Prinzip, sondern der Gott, der mir in der Taufe zugesagt hat: »Du bist mein«.

So sehr Anregungen aus dem Kinder- bzw. Familienleben als Gottesdienst-Themen geeignet sind, auch Symbole aus dem kirchlichen Bereich sind für die Betrachtung wichtig. Schließlich haben wir gelernt, daß die biblischen Geschichten schlechterdings nicht überbietbar sind. In ihnen reden wir nicht *über* den menschenfreundlichen Gott, sondern *von* ihm. Kinder und Erwachsene erfahren damit etwas, was ihnen im Ablauf der Woche sonst kaum jemand erzählt und sie spüren, daß das eine gute »frohe Botschaft« ist.

Das abschließende Gebet und der Segenskreis schließt Kinder und Eltern zusammen unter dem Schutz des allmächtigen Gottes. Insbesondere Kinder erleben, daß die sonst oft dominierenden Eltern zusammen mit ihnen unter Gott leben und keine bevorzugte Rolle haben.

Der 20-Minuten-Rahmen ist nahezu eine Verpflichtung. Wer Kleinkindern mehr Konzentration abverlangt, dem ist sein eigenes theologisches und pädagogisches Wollen wichtiger als die Kinder. Wer zeitlich überzieht, merkt es an den Kinderbeinen, die sehr unruhig zu zappeln beginnen, und wird auch den steigenden Lärmpegel nicht überhören können.

5.3. Wer den Krabbelgottesdienst »hält«

In den wenigen Praxisberichten, die bisher vorliegen, ist die Person, die den Gottesdienst leitet, nicht eindeutig festgelegt. Meist ist es die Pfarrerin bzw. der Pfarrer, oftmals ein Team, manchmal die Leiterin des Mutter-Kind-Treffs.

Was geschickter ist, kann hier nicht diskutiert werden. Das ist ohne den örtlichen Bezug nicht auszumachen. Hier sind theologische und pädagogische Vorüberlegungen eng mit den praktischen Fähigkeiten von Mitarbeiterinnen und Mitarbeitern und mit den Erwartungen von Kindern und Eltern verknüpft. Auch Kirchenvorstands- und Pfarrgemeinderatsbeschlüsse spielen dabei gelegentlich eine Rolle. Es gibt kein Patentrezept für diese Frage.

Aber es gibt ein Patentrezept für jeden Leiter: Sie oder er muß sich auf diesen Krabbelgottesdienst genau so intensiv einstellen wie auf einen »normalen« Gottesdienst. Kirchen haben nicht umsonst die Sakristei als Ort der gottesdienstlichen Vorbereitung. Gerade in der Kürze der zur Verfügung stehenden Zeit muß der Leiter/die Leiterin wissen, warum er/sie die biblische

Geschichte des heutigen Krabbelgottesdienstes erzählt. Wer nur erzählt, weil die Geschichte in der Bibel steht, braucht sich nicht zu wundern, wenn sie auch nur als Mitteilung ankommt. Wer diese Geschichte aber erzählt, weil er davon überzeugt ist, daß sie für Kinder wichtig ist, dem wird es auch gelingen, diesen inneren Anspruch durchleuchten zu lassen. Die Geschichte bekommt dadurch ihre Transparenz und ihre Wichtigkeit.

In der Zeit der Vorbereitung auf den Krabbelgottesdienst wird man sich auch darauf einstellen müssen, daß manches in diesem Gottesdienst anders kommen wird als geplant. Wir haben Kleinkinder vor uns! Die uralte Erfahrung wird auch hier gelten, daß Kinder, die Schwierigkeiten machen, meist selbst Schwierigkeiten haben. Wer bei der Erzählung darauf angewiesen ist, daß er die absolute Ruhe des »normalen« Gottesdienstes hat, sollte sich nicht an Krabbelgottesdienste wagen, obwohl er damit rechnen kann, daß in der Regel eine gute Erzählung tatsächlich fesselt.

Wer den Krabbelgottesdienst leitet, braucht ein gutes Personengedächtnis. Kinder lieben es, mit Namen angeredet zu werden. Wenn Pfarrerinnen oder Pfarrer den Gottesdienst halten, begegnen sie dabei auch ehemaligen Taufkindern bzw. deren Eltern. Sie begegnen denen, die sie von der Mutter-Kind-Arbeit oder vom Kindergarten her kennen. Es wird kaum jemand vor ein intensives Namenstraining gestellt! Erforderlich ist vielmehr die notwendige Liebe, mich auf diese Kinder, die mir bekannt sind, einzustellen.

Übrigens: Kinder haben keine Schwierigkeiten mit »steifen« Personen. Sie müssen ihnen nur abspüren können, daß sie »echt« sind, d.h., daß sie es gut mit den Kindern meinen und von ihrer Verkündigung überzeugt sind. Sie müssen spüren, daß die fröhlichen Lieder für den Gottesdienstleiter keine Selbstüberwindung sind. Singen wir deshalb keine Lieder, die nicht durch unsere Person abgedeckt sind! Erzählen wir nicht auf dem Altar-Teppich, wenn uns diese Haltung persönlich unbequem ist. Wir werden sonst sicher keine gwinnenden Erzähler für die Geschichten vom »lieben Gott« sein.

Leiter von Krabbelgottesdiensten müssen deshalb *ihre* Form finden. Die Körperhaltung und die Art ihrer Verkündigung ist oft stärker als das, was sie sagen.

5.4. Gottesdienstzeit

Die meisten Mini- oder Krabbelgottesdienste finden am Sonntagvormittag statt. Offenbar hat der Sonntag immer noch das ihm zustehende Privileg, eine göttliche und deshalb menschenfreundliche Einrichtung zu sein. Auch in der Freizeitgesellschaft hat sich der Sonntag diesen Symbolwert erhalten. Deshalb laden die Gemeinden überwiegend für Sonntagvormittag um 10.30 Uhr oder um 11.00 Uhr ein. Auch 11.30 Uhr kommt vor, dann oftmals verbunden mit einem gemeinsamen Mittagessen. Den Langschläfern unter den Gottesdienstbesuchern wird damit Rechnung getragen. Auf das gemeinsame Frühstück zu Hause kann verzichtet werden, wenn nach dem Gottesdienst ein gemeinsamer »Brunch« im Gemeindesaal folgt. Je nach Tradition und Finanzkraft ist ein solcher gemeinsamer Mittagstisch ganz unterschiedlich konzipiert: In manchen Gemeinden bringen die Eltern das mit, was später auf einem gemeinsamen kalten bzw. warmen Buffet angeboten wird. Andere Gemeinden bieten einen vollen Mittagsservice, wofür allerdings bezahlt wird.

Natürlich sind Krabbelgottesdienste auch zu allen Wochenzeiten möglich; insbesondere zum Beginn des

Mutter-Kind-Treffs ist ein Krabbelgottesdienst immer denkbar. Diese Ursprungssituation für den Krabbelgottesdienst hat nach wie vor die gewinnendsten Voraussetzungen: Überschaubarer Besucherkreis, Vertrautheit, offen für alle Spontaneität der augenblicklichen Situation.

Ein Familientag für junge Familien kann ebenso mit einem Krabbelgottesdienst eröffnet werden wie ein Familienwochenende oder eine Familienfreizeit mit einem Krabbelgottesdienst enden wird.

5.5. Wie oft soll Krabbelgottesdienst sein?

Wie häufig Krabbelgottesdienste angeboten werden können, entscheidet die Gemeindesituation und die Leistungsfähigkeit der vorbereitenden Personen. Als Erfahrungswert hat sich ein fünf- bis sechsmal im Jahr stattfindender Gottesdienst für Kleinkinder bewährt.

Wer häufiger einlädt, übernimmt sich leicht. Der Kleinkindergottesdienst ist nicht das einzige Angebot für junge Familien! Eine Gemeinde mit einem »kinderfreundlichen Konzept« lädt die gleichen Kinder und gleichen Eltern das Jahr über zu sehr unterschiedlichen Angeboten ein, siehe oben Abschnitt 3.

Die Häufigkeit des Krabbelgottesdienstes ist auch durch die zeitlichen Grenzen des vorbereitenden Teams bestimmt. Berufstätige Mütter oder Erzieherinnen aus dem Kindergarten-Team können nicht zu oft eingesetzt werden.

Bei der Frage, wie oft Mini-Gottesdienste angeboten werden sollen, spielt auch der Rhythmus des Jahres eine Rolle. Man wird an Advent und Weihnachten, an der Fasten- bzw. Passionszeit, am Muttertag, am Beginn des Urlaubs bzw. der Ferien und am Erntedank-Fest nicht unbemerkt vorbeiplanen können.

Ein Krabbelgottesdienst mit Mittagessen fordert noch mehr Kapazitäten und Möglichkeiten.

5.6. Die Einladung

Der Krabbelgottesdienst findet nicht regelmäßig an jedem Sonntag statt, darum bedarf es jedesmal einer besonderen Einladung. Auch Krabbelgottesdienste, die viele Kinder anziehen, kommen nicht ohne eine liebevoll gestaltete Einladung aus.

Die Einladung muß persönlich sein. Sie wird in der Regel handgeschrieben, aber natürlich kopiert. Sie nennt das Thema des Gottesdienstes, den Tag, die Uhrzeit und den Ort. Sie lädt die Kinder, die Mütter, Väter, Großeltern, Paten und Freunde ein.

Die Einladung wird übergeben beim Mutter-Kind-Treff, im Kindergarten oder sie kommt per Post. Eingeladen wird über den Gemeindebrief ebenso wie mit besonderen Plakaten, die man mit den heutigen Kopiergeräten auch selbst fertigen kann. Eine DIN A 3-Vergrößerung der Einladung genügt und macht nicht viel Arbeit. Schön, wenn die Einladung, die Plakate und das Gottesdienstprogramm für den Sonntag jeweils das gleiche Symbol oder die gleiche Grafik tragen.

In manchen Gemeinden wird die Einladung direkt an die Mütter gerichtet. Die Mütter sollen so besonders hervorgehoben werden und nicht hinter der allgemeinen Bezeichnung »Familie« untergehen. Andere adressieren ganz bewußt an den Namen des Kindes. Die Einladung sollte ca. 14 Tage vor dem nächsten Krabbelgottesdienst erscheinen, damit noch genügend Zeit bleibt, den Termin von anderen Verpflichtungen freizuhalten. Bei der heute üblichen Bürotechnik ist die Einspeicherung der Namen der Kinder bzw. Eltern in einen PC nicht schwierig. Wer die Kinder zum Geburtstag grüßt (siehe 3.3.4), hat bereits gut aufbereitetes Adressmaterial für die Einladung zu den Kleinkinder-Gottesdiensten.

Weil immer wieder nach dem Verhältnis von Aufwand zum »Erfolg« gefragt wird: Sicherlich ist die Mundpropaganda für den Krabbelgottesdienst die wirkungsvollste Einladung. Aber auch die schriftliche Einladungsform hat gute Erfolgsquoten. Ca. 20 – 25 % der angeschriebenen Kinder sind für den Krabbelgottesdienst zu erwarten.

Besondere Festzeiten im Jahr lassen die Besucherzahlen steigen. Wer mit Verteilmaterial arbeitet, muß auf diese schwankenden Zahlen Rücksicht nehmen.

5.7. Langzeit-Impulse

In den meisten Krabbelgottesdiensten werden Anschauungsmittel verteilt, die zu einer Beschäftigung auch nach dem Gottesdienst reizen.

Nahezu unüberbietbar sind die »Owi-Minis«, eine Leporello-Reihe im Verlag der Francke-Buchhandlung GmbH, Marburg an der Lahn. Die holzschnittähnliche, farbige und treffende Gestaltung mit kurzen Texten bildet zusammen mit dem kleinen Format, das in jede Kindertasche rutscht, die ideale Voraussetzung zum Mitgenommenwerden. Auch die Heftchenausgabe der Reihe »Was uns die Bibel erzählt« mit Bildern von Kees de Koort gibt Impulse für eine lange Nacharbeit zu Hause. Daneben liegen noch eine Reihe ähnlicher Verlagsprodukte vor.

Eine hilfreiche, wenngleich etwas teurere Reihe stellen die »Mitmach-Büchlein« des Verlags Ernst Kaufmann, Lahr, dar. Neben einem kindgemäßen Liederheft gibt es dort etwa für die Vorweihnachtszeit ein Adventsbüchlein mit Bastelmaterial für die Papierkrippe.

Bei den Materialien für die Nacharbeit wird man berücksichtigen müssen, daß wir jeweils Geschmackbildendes anbieten. Dabei gehen die Maßstäbe sicher auseinander. Doch was immer man sich einfallen läßt, vom Apfel beim Erntedank-Fest bis hin zur »kleinen Osterkerze«: Wir wollen mit diesen kleinen Erinnerungen nicht den Kult des Schenkens verstärken, sondern unsere Verkündigung im Krabbelgottesdienst.

Wichtig ist, daß ein »Geschenk« nicht regelmäßig erwartet werden kann. So ist es z.B. bei einem Gottesdienst über die Glocken oder über die Orgel nahezu sinnlos, etwas mit nach Hause geben zu wollen. Warum lassen wir nicht die Kinder auf alten Orgelpfeifen üben?

Daneben gibt es Gottesdienstordnungen, aus denen Eltern pädagogische Tips für die Umsetzung eines Themas bzw. für die Weiterarbeit erhalten.

Auch die Lieder im Gottesdienstprogramm sind eine Einladung, zu Hause im Familienkreis gesungen zu werden. Auch wenn die Kinder noch nicht lesen und schreiben können, ist schon deshalb ein Programm für jeden Gottesdienst sinnvoll.

5.8. Welchen Krabbelgottesdienst wollen wir?

Je nach Entstehungsgeschichte und Absicht der einladenden Gemeinde haben sich einige Krabbelgottesdienst-Varianten herauskristallisiert. Bei allen Gemeinsamkeiten gibt es dabei sehr charakteristische Unterschiede.

5.8.1 Der Krabbelgottesdienst im Mutter-Kind-Kreis

Alle 14 Tage, manchmal auch wöchentlich trifft sich der
Mutter-Kind-Kreis (siehe oben Abschn. 4.). Weil aus
diesen Kreisen die Nachfrage nach einem speziellen
Gottesdienst für Kleinkinder mit deren Eltern als erstes
erwachsen ist, war es ganz natürlich, daß in diesem kleinen Kreis auch die ersten Krabbelgottesdienste gehalten wurden. Das ist einerseits sehr aufwendig, andererseits ungewöhnlich befriedigend und intensiv.
Natürlich nicht jedes Mal, aber im Abstand von etwa
sechs bis acht Wochen kommt der Mutter-Kind-Treff
zunächst im Gemeinderaum zusammen und geht von
dort gemeinsam zur Kirche. In diesen ersten Krabbelgottesdiensten lernen die Kinder und Mütter zunächst
einfach ein bißchen »kirchliche Geographie«. Beim
ersten Mal genügt es völlig, auf dem Weg zur Kirche die
Glocken zu hören. Mit den kleinen Fingern zählen die

Kinder die Anzahl der Glocken. Das Ergebnis ist nicht so wichtig, aber sie sind mit Aug' und Ohren auf die Glocken ausgerichtet. In der Kirche singen sie ein Glockenlied. Man muß nur noch erzählen, daß die Glocken alle Kinder und alle Großen einladen.

Taufstein, Altar und Orgel sind die nächsten Entdeckungen und die nächsten Gottesdienst-Themen. Das Wichtigste bei diesen Gottesdiensten ist die Intimität. Die etwa zehn Mütter mit ihren 12–15 Kindern sind schnell bekannt. Zehn Kindern auf dem Altarteppich kann man mühelos biblische Geschichten erzählen. Man kann auf das Minenspiel noch sehr schnell reagieren.

Diese sehr zeitintensive Arbeit, gar wenn in einer Gemeinde mehrere Mutter-Kind-Gruppen vorhanden sind, zahlt sich langfristig aus, wird aber nicht überall zu leisten sein. Der Trend geht deshalb leider eindeutig zu Krabbelgottesdiensten am Sonntag.

5.8.2 Der »kleine Krabbelgottesdienst« am Sonntag

Die meisten Gottesdienste werden am Sonntag (siehe 5.4.) angeboten. Dennoch besteht ein erheblicher Unterschied, zu welchem Krabbelgottesdienst eingeladen wird. Am stärksten plädiere ich für den Krabbelgottesdienst, der sich durch die große Zahl von Kindern nicht selbst »entpersönlicht«. Ab einer bestimmten Größe sind technische Hilfsmittel nötig. Eine Erzählung auf dem Altarteppich geht dann nicht mehr, wenn man ein Mikrofon braucht. Eine größere Kinderzahl verursacht einen Geräuschpegel, der sich potenziert, auch wenn alle Kinder eigentlich furchtbar leise sind. Der Blickkontakt geht verloren. Damit fällt eine ganz wesentliche Voraussetzung für ein intensives Hören weg.

Darum also das Plädoyer für die Krabbelgottesdienste, die sich bewußt auf geringe Teilnehmerzahlen beschränken. Die Einladungen für diese Gottesdienste werden nicht so breit gestreut, sondern etwa nur bei den Mutter-Kind-Treffen weitergegeben bzw. an die Eltern der zuletzt getauften Kinder. Auch ist niemand genötigt, jedesmal ein großes Gemeinde-Essen nach dem Krabbelgottesdienst zu veranstalten.

5.8.3 Der große »Familien-Krabbelgottesdienst«

Damit ist kein Wort gegen einen gründlich überlegten »großen Krabbelgottesdienst« gesagt, zu dem alle getauften Kinder von eins bis fünf Jahren eingeladen werden. Es gibt Berichte von fast überfüllten Kirchen. Wo erlebt man sonst solche »Kinderkirche«? Solche Krabbelgottesdienste sind eine Ermutigung, daß der Kirchenbesuch keine exotische Sache ist. Zusammen mit dem sich meist anschließenden Mittagessen schaffen solche Gottesdienste eine Gemeinschaft und ein Image, wie es die »kleinen Krabbelgottesdienste« kaum vermögen. Freilich gleicht die Anforderung an die Gestaltung dieses Gottesdienstes dann oftmals sehr den klassischen Familiengottesdiensten. Gestaltende und technische Elemente sind viel stärker gefordert als im Gottesdienst mit kleinerem Zuschnitt.

Man wird die unterschiedlichen Gottesdienst-Typen nicht gegeneinander ausspielen können. Jeder hat zur je gegebenen Zeit seine Berechtigung. Doch wenn Kinder mit technischen Hilfen übertönt werden müssen bzw. die Namen der Kinder und der Eltern verloren gehen, weil es zu viele sind, beginnt sich das ursprüngliche Konzept vom persönlichen Krabbelgottesdienst zu ändern. Große Krabbelgottesdienste tun sich auch schwerer mit Elementen der Stille und des staunenden Betrachtens.

Wenn Kinder in den hinteren Reihen sitzen, verhalten sie sich eben so, wie Kinder sich verhalten, wenn sie nicht mehr im Blickpunkt stehen und der Gottesdienst auch ohne ihre Mitwirkung weitergeht.

5.9. Das Mitarbeiter-Team

Die Frage, ob ein Team für den Krabbelgottesdienst unerläßlich ist, wäre vor Kurzem noch beantwortet gewesen, bevor sie überhaupt gestellt war. Mittlerweile hat man sich etwas von diesen selbstauferlegten Zwängen gelöst. Es gibt sowohl ungemein kreative Gottesdienst-Teams als auch mitreißende Einzelpersönlichkeiten, ohne daß die Arbeit jeweils besser oder schlechter wird. Wichtiger als diese Grundsatzfrage auszutragen, ist es, daß sowohl das Team als auch die Einzelpersönlichkeit das Ohr an den Bedürfnissen des Kindes bzw. der jungen Familien haben. Auch wenn die Leiterin bzw. der Leiter des Gottesdienstes immer dieselbe Person ist, wird sie ohne das Gespräch mit denen, die die Mutter-Kind-Arbeit betreiben, mit den Erzieherinnen des Kindergartens oder mit jungen Familien nicht auskommen.
Wer ein wenig Erfahrung einbringt, wird die »goldene Regel« bestätigt finden: Die Gottesdienstgestaltung sollte möglichst nur bei einem oder maximal zwei Mitarbeitern liegen. Zwei sind insbesondere dann ratsam, wenn etwa im musischen Bereich die Fähigkeiten des Erzählers beschränkt sind. Je mehr Mitarbeiter an der Gestaltung des Krabbelgottesdienstes beteiligt sind, desto unruhiger und weniger spontan wird der Gottesdienst sein. Der Gottesdienstleiter muß die Möglichkeit haben, vom ursprünglich vorgesehenen Konzept abzuweichen, andere Lieder zu wählen als vorgesehen war, andere Akzentuierungen zu setzen als geplant. Wer

dabei immer den Part des weiteren Mitarbeiters mitbe-
denken muß, ihn nicht übergehen kann, ist viel zu sehr
dem Planungsentwurf verhaftet als der Verpflichtung
des Augenblicks.

Der Vorteil eines vorbereitenden Teams liegt zweifelsohne darin, daß die kritischen Rückfragen bereits bei
der Vorbereitungsphase gestellt werden. Ein Team betrachtet aus seiner Vielgestaltigkeit heraus ein vorge-
schlagenes Thema von mehr Seiten als es im Alleingang
geschehen kann. Ohne die »Solisten« abzuwerten, wird
man auch vermuten dürfen, daß ein Team wohl mehr
Ideen für die Gestaltung liefert als sie einem allein zu-
gängig sind.

Für diejenigen wiederum, die diese Arbeit allein begonnen haben oder noch aufnehmen, darf aber ebenso
sicher behauptet werden, daß sich auch ihnen eine kreative und thematische Fülle anbietet, die über Jahre hinaus reicht (siehe unten 7.1.) und die Person-Kontinuität
eines solchen Gottesdienstes manches andere aufwiegt.
Kinder wissen gerne, wer sie erwartet.

6. Lieder

Singen mit Kleinkindern

Lieder sind mehr als nur das musikalische Kleid unserer Krabbelgottesdienste. Lieder bestimmen sehr eindrücklich die Atmosphäre. Sie bieten aber auch Aussagen, die kritisch hinterfragt werden müssen. Wie oft wird etwa das Lied »Einsam bin ich klein, aber gemeinsam werden wir Anwalt des Lebendigen sein« mit Begeisterung gesungen. Es dauerte Jahre, bis jemand darauf aufmerksam machte, daß die Aussage »einsam bin ich klein« auch ungeheuer fatal sein kann.

Eine ganze Anzahl von Liedern kann nicht einfach »abgesungen« werden. Sie sind von ihrem Text her so zwingend, daß sie eine bestimmte Gestaltung nach sich ziehen. Biblische Erzähl-Lieder etwa fordern auf, diese Geschichte parallel dazu zu spielen. Lieder mit Tanz-Rhythmus gehen gerade bei Kindern sofort in die Beine. Freilich bedeutet das auch, daß der Leiter des Krabbelgottesdienstes Zugang dazu haben muß *und* daß er im Gottesdienst und im Sakralraum die Form des Tanzens und der Körperbewegung akzeptiert. Wer dazu nicht die Freiheit hat, sollte sich nicht zu solchen Liedern entschließen, auch wenn sie noch so melodiös sind.

Weil Lieder leben, kann man sie nicht vom Blatt absingen. Kleinkinder können das ohnehin noch nicht, und auch die Leiterin bzw. der Leiter des Gottesdienstes wird nicht lebendig genug ein Lied vermitteln können, wenn Text oder Melodie nicht frei fließen. Refrain-Lieder sind deshalb oft eine Hilfe.

Für den Krabbelgottesdienst benötigen wir eine Reihe von Eröffnungs- und Schlußliedern, die dieser besonderen Situation Rechnung tragen, siehe 6.2.2.

Der Krabbelgottesdienst lebt ebenso wie die kindliche Fantasie von der Wiederholung. Es ist deshalb nicht ungeschickt, über fünf, sechs Gottesdienste und damit über den Zeitraum eines Jahres hinweg ein bestimmtes Lied immer wieder zu wiederholen und jeweils noch ein wechselndes, zweites Lied neu dazuzunehmen.

Manche Lieder, die keine Gestaltung brauchen, gewinnen durch Klatschen eine besondere Charakteristik. Ältere Kinder können schon mit Orff-Instrumenten umgehen. Das setzt voraus, daß der Leiter die richtigen Vorgaben und Einsätze geben kann und nicht zu viel Aufwand damit verbindet.

Gelegentliche Hinweise auf eine bestimmte Textpassage genügen, um auch altbekannte Lieder wieder *bewußt* zu singen. Zumindest Eltern sind für solche Tips ansprechbar.

6.2. »Erfahrungsliste« von brauchbaren Liedern

Es ist gefährlich, eine so exklusive Überschrift zu verwenden. Andererseits hat sich bei der Durchsicht vorhandener Entwürfe doch eine solche Erfahrungsliste ergeben. Sie ist im Folgenden anwenderfreundlich sowohl alphabetisch als auch sachlich gegliedert wiedergegeben:

6.2.1 Lieder, die gerne gesungen werden – alphabetisch

Die unter den Liedanfängen in Klammern genannten Namen nennen zuerst den Textdichter (T), an zweiter Stelle den Komponisten der Melodie (M).

Alle Knospen springen auf
W. Willms / L. Edelkötter

Bricht die Nacht herein
R. Krenzer / P. Janssens

Das wünsch ich sehr
K. Rose / D. Jöcker

Deine Welt ist meine Welt
R. Krenzer / D. Jöcker

Der Gottesdienst soll fröhlich sein
T/M: M. G. Schneider

Der Herr segne dich
T/M: U. Gohl

Du hast uns deine Welt geschenkt
R. Krenzer / D. Jöcker

Ein kleiner Spatz zur Erde fällt
M. Straub / S. W. Straub

Eine dicke Raupe kriecht
R. Krenzer / D. Jöcker

Eine kleine Blume blüht nicht für sich allein
R. Krenzer / P. Janssens

Einsam bist du klein
G. Schnath / P. Janssens

Erd und Himmel, Land und Meer,
T/M: H. Beuerle

Es läuten alle Glocken
H. Bergmann / H. Wortmann

Freut euch, freut euch! Ostern ist da!
T/M: Ch. Linke

Fröhlich gehe ich
H. Bergmann / H. Wortmann

Glocken rufen uns herein
T/M: W. Longardt

Gott braucht nicht nur große Leute
T/M: M. Noß

Gott, dein guter Segen
R. Bäcker / D. Jöcker

Gott, du bist mein Hirte
R. Krenzer / P. Janssens

Gott sagt uns immer wieder
R. Krenzer / P. Janssens

Gott schenkt einen neuen Tag
R. Krenzer / P. Janssens

Gottes Liebe ist so wunderbar,
T: mündlich überliefert/Spiritual

Gottes Stimme laßt uns sein,
T/M: A. Stier

Guter Gott, dankeschön!
R. Krenzer / nach der Pfälzer Kindermesse

Hände können fassen und auch wieder lassen
T/M: W. Longardt

Hallelu, hallelu, hallelu, halleluja
T/M: mündlich überliefert

Halte zu mir, guter Gott
R. Krenzer / L. Edelkötter

Heut ist ein Tag, an dem ich singen kann
L. Kleikamp / D. Jöcker

Heut war ein schöner Tag
T/M: M. G. Schneider

Ich bin bei euch alle Tage,
T/M: W. Longardt

Ich hab von einem Mann gehört,
A. Juhre / K.-W. Wiesenthal

Ich freue mich und springe
T/M: W. Longardt

Ich habe einen Namen (Tauflied)
R. Krenzer / P. Janssens

Ich habe zwei Hände, zehn Finger dazu
R. Krenzer / D. Jöcker

Ich will auf das Leise hören
Psalm 119 / W. Siemens

Ihr Kinderlein kommet
Chr. v. Schmidt / J.A.P. Schulz

Jesus hat die Kinder lieb
T/M: K. Rommel

Kommet, ihr Hirten, ihr Männer und Fraun,
K. Riedel / Olmütz, 1847

Kommet alle her, halli, hallo,
H.-J. Netz / R. Ibe

Kommt, wir wollen froh beginnen
aus: wir feiern Gottesdienst

Laßt uns miteinander, laßt uns miteinander
T/M: aus der Tschechoslowakei

Macht mit bei unserem Lied!
R. Krenzer / P. Janssens

Masithi Amen
Übertragung: D. Trautwein / aus dem Afrikanischen

Meine kleine Flöte bläst das Fest heran,
T/M: W. Longardt

Meinem Gott gehört die Welt,
A. Pötzsch / Chr. Lahusen

Seht, die gute Zeit ist nah:
aus der Tschechoslowakei

Sind zwei, sind drei in meinem Namen eins
Übertragung: D. Trautwein / Bayiga Bayiga

Sing mit mir ein Halleluja
T/M: Th. Eger

Singt mit uns und klatscht in die Hände,
D. Strauch / Spiritual

Tragt in die Welt nun ein Licht,
T/M: W. Longardt

Viele kleine Leute
T/M: B. Schlaudt

Weil du heut Geburtstag hast,
R. Krenzer / D. Jöcker

Weil ich Jesu Schäflein bin,
L. v. Hayn / Herrnhut 1740

Wenn einer sagt: Ich mag dich,
T/M: A. Ebert

Wir sagen euch an den lieben Advent
M. Ferschl / H. Rohr

Wir sind die Kleinen
D. Fissel, J. Fliege / H. Clausen

Wir werden still und öffnen uns
T/M: G. Lorenz

Wißt ihr noch, wie es geschehen?
H. Claudius / Chr. Lahusen

Wo ich gehe, wo ich stehe
mündlich überliefert / J. Homann

Zachäus war ein kleiner Mann;
A. Schulte / N. R. Schaper

Zu Ostern (Pfingsten) in Jerusalem
A. Juhre / K.-W. Wiesenthal

*6.2.2 Lieder, die gerne gesungen werden –
sachlich geordnet*

Zu besonderen Zeiten des Kirchenjahres

Deine Welt ist meine Welt
Du hast uns deine Welt geschenkt
Eine dicke Raupe kriecht
Eine kleine Blume blüht nicht für sich allein
Erd und Himmel, Land und Meer,
Freut euch, freut euch! Ostern ist da!
Gottes Stimme läßt uns sein,
Ihr Kinderlein kommet,
Kommet, ihr Hirten, ihr Männer und Fraun,
Meine kleine Flöte bläst das Fest heran,
Meinem Gott gehört die Welt,
Seht, die gute Zeit ist nah:
Tragt in die Welt nun ein Licht,
Wir sagen euch an den lieben Advent
Wißt ihr noch, wie es geschehen?
Zu Ostern (Pfingsten) in Jerusalem

Eingangslieder

Der Gottesdienst soll fröhlich sein

Es läuten alle Glocken
Glocken rufen uns herein
Gott schenkt einen neuen Tag
Guter Gott, dankeschön!
Halte zu mir, guter Gott
Heut ist ein Tag, an dem ich singen kann
Ich freue mich und springe
Ich will auf das Leise hören
Kommt alle her, halli, hallo,
Kommt, wir wollen froh beginnen
Wir werden still und öffnen uns

Schlußlieder

Bricht die Nacht herein
Das wünsch ich sehr
Der Herr segne dich
Fröhlich gehe ich
Gott, dein guter Segen
Gott, du bist mein Hirte
Gott sagt uns immer wieder
Guter Gott, dankeschön!
Halte zu mir, guter Gott
Ich bin bei euch alle Tage,
Masithi Amen
Viele kleine Leute

Vielseitig einsetzbar

Alle Knospen springen auf
Einsam bist du klein
Gott braucht nicht nur große Leute
Gottes Liebe ist so wunderbar,
Hände können fassen und auch wieder lassen
Hallelu, hallelu, hallelu, halleluja

Heut war ein schöner Tag
Ich habe einen Namen (Tauflied)
Ich habe zwei Hände, zehn Finger dazu
Jesus hat die Kinder lieb
Laßt uns miteinander, laßt uns miteinander
Macht mit bei unserem Lied!
Sind zwei, sind drei in meinem Namen eins
Sing mit mir ein Halleluja
Singt mit uns und klatscht in die Hände,
Viele kleine Leute
Weil du heut Geburtstag hast,
Weil ich Jesu Schäflein bin,
Wenn einer sagt: Ich mag dich
Wir sind die Kleinen
Wo ich gehe, wo ich stehe

Biblische Erzähllieder

Ein kleiner Spatz zur Erde fällt
Gott, du bist mein Hirte
Ich habe von einem Mann gehört,
Zachäus war ein kleiner Mann;
Zu Ostern (Pfingsten) in Jerusalem

7. Themen und Modelle

7.1. Themen wie Sand am Meer

Themen für Krabbelgottesdienste finden sich wie Sand am Meer. Mir scheint, daß diejenigen, die bisher mit Krabbelgottesdiensten Erfahrungen sammeln, vor allem vier Themenschwerpunkte bearbeiten:

7.1.1 Erlebniswelt von Kindern

Dazu gehören Themen wie »Ich wachse«, »Gott schenkt einen neuen Tag«, »Ich bin nicht allein«, »Miteinander geht es besser«, »Ich mag nicht alle«, »Ich mag mich«, »Muß ich streiten?«, »Ich bin getauft«.

7.1.2 Themen, die die Kirche bietet

»Glocken laden ein«, »Ein Lied für Gott – die Orgel«, »Gott sagt ›ja‹ zu mir – der Taufstein«, »Gott macht es gut – das Kreuz«. Wer einen Kreuzweg oder andere bildliche Erinnerungen an biblische Geschichten hat, dem bietet die Kirche weiteres Anschauungsmaterial, das Kinder unbedingt entdecken sollten. Auch die »Kerzen« oder die Bibel können Thema eines Gottesdienstes sein. Ist die Bibel erst einmal thematisiert worden, kann bei jeder Erzählung biblischer Geschichten wieder auf die Altar-Bibel verwiesen werden.

7.1.3 Biblische Geschichten

Hier bietet sich ein unerschöpflicher Schatz, den man auf die Kirchenjahreszeiten verteilen muß. Vieles ist auch unabhängig von jeder Jahreszeit: »Jesus hat die Kinder lieb«, »Der gute Vater«, »Bei Gott geht niemand verloren (verlorenes Schaf, verlorener Groschen, verlorener Sohn)«, »Wachsen unter Gottes Hand (Josua)«, »Guter Gott, Danke schön (dankbarer Samariter)«, »Der gute Hirte«, »Die Geschichte vom Regenbogen«.

7.1.4 Jahreskreis

Kirchenjahr und Jahreskreis mit ihren unterschiedlichen Festen und Anlässen müssen nicht lückenlos erwähnt werden: »Mit den Hirten laßt uns gehen«, »Wir warten auf Dich«, »Alles fängt neu an«, »Alles muß wachsen und reifen (Frühjahr/Sommer)«, »Du hast uns deine Welt geschenkt (Urlaub/Ferien)«, »Sing' mit mir ein Halleluja (Erntedank)« usw.

7.2. Ausgeführte Modelle

7.2.1 Erlebniswelt von Kindern

Ich werde immer größer

Begrüßung am Kircheneingang

Lied: Wir sind die Kleinen in den Gemeinden …

Liturg hält die kleinsten Babyschuhe hoch, die es gibt: So klein haben wir alle einmal angefangen. Manche haben noch eine Schwester oder einen Bruder, die gerade geboren sind. Aber wir hören es gerne, wenn uns jemand sagt: ›Du bist aber schon groß‹. Da werden wir gleich ein bißchen größer. Das hat Gott gut gemacht. Zu ihm wollen wir beten.

Gebet: Lieber himmlischer Vater. Ganz klein waren wir einmal und jetzt können wir schon selber gehen. Vieles anschauen, vieles selber machen und singen. Es ist schön zu leben. Hab Dank dafür, daß Du uns bis heute behütet hast. Amen.

Lied: Ich freue mich und springe ...

Die Kinder werden zum Altar eingeladen und setzen sich auf den Teppich vor dem Altar.

Erzähler: Kinder hören gerne, wenn ihnen ihre Mama, ihre Mutti, erzählt, wie sie noch ganz klein waren. Manchmal müssen Mütter sogar erzählen, wie die Kinder noch in ihrem Bauch waren. Wir merken so richtig, wie wir größer geworden sind.
Ich habe euch heute deshalb viele Sachen mitgebracht, die vom Großwerden erzählen: Kleiner Strampelanzug – kleine und größere Kinderschuhe – kleine und größere Mützen – kleine und größere Pullover – Spielzeug für die Kleinen und für die Größeren – Fotos von Omas und Opas – Malereien aus unterschiedlichem Alter der Kinder – usw.
Die Kinder erzählen ihre eigenen Erinnerungen dazu. Sie erkennen schnell, was von kleineren und was von größeren Kindern gemalt wurde. Sie erzählen, was sie selbst schön können.

Lied: Ich freue mich und springe ...

Erzähler: Ihr habt mir viel erzählt von euch und habt dabei gehört und gemerkt, was ihr alles schon könnt. Jede von uns kann etwas und jeder von uns kann etwas. Wir werden jeden Tag immer mehr können, weil wir größer werden. Dafür wollen wir Gott danken.

Gebet: Lieber himmlischer Vater. Es ist schön, auf der Welt zu sein. Ich habe alles, was ich brauche und jeden Tag werde ich größer, stärker, klüger und traue mir mehr zu. Aber Dir traue ich alles zu: daß Du mein Leben behütest, nicht nur mich, sondern auch meine Eltern, meine Geschwister, meine Freunde. Alle, an die ich denken kann. Amen.

Vaterunser für die Großen.

Segenslied: Der Herr segne dich und behüte dich ...

Miteinander geht es besser

Begrüßung am Eingang

Lied: Laßt uns miteinander ...

Liturg: Schön, daß ihr alle da seid. Wirklich gut ist das, sonst hätten wir gar nicht so schön und so laut singen können. Und nun laßt uns auch miteinander beten:

Gebet: Wo ich gehe, wo ich stehe bist Du, lieber Gott bei mir. Wenn ich Dich auch niemals sehe, weiß ich sicher, Du bist hier. Amen.

Kanon: Laßt uns miteinander ...
Jetzt mit zwei Stimmen gesungen.

Die Kinder werden eingeladen, zum Altar zu kommen und setzen sich auf den Teppich vor dem Altar.

Erzähler: Schön, daß wir hier auf dem Teppich beeinandere sitzen können. Es ist schon richtig *unser* Teppich geworden. Ja, wirklich *unser* Teppich. Allein setzt sich doch niemand hier her. Allein geht das gar nicht. So Vieles geht allein nicht.

Erinnert euch, als ihr gerade Gehen gelernt habt, hat euch eure Mama oder euer Papa an der Hand geführt. Allein ging es nicht. Aber es ist gut, daß es Mama und Papa gibt. Miteinander geht es besser.

Allein geht es nicht,
- wenn ich meine Schuhe anziehen möchte, brauche ich jemand, der mir die Schnürsenkel bindet,
- wenn ich was Schweres tragen muß,
- wenn ich etwas ganz Lustiges weiß und keiner lacht mit,
- wenn ich etwas erzählen möchte und keiner hört hin,
- wenn ich traurig bin und niemand nimmt mich in den Arm,
- wenn ich Verstecken spielen möchte und niemand spielt mit,
- wenn ich Hunger habe und niemand macht mir was,
- wenn ich basteln will und niemand hilft mir.

Die Kinder suchen auch ihre eigenen Beispiele aus ihrer eigenen Erfahrung.

Lied: Laßt uns miteinander …
Jetzt als vierstimmiger Kanon gesungen. Mütter-Väter-Mädchen-Buben.

Erzähler: Allein geht Vieles nicht. Darum hat Gott uns Menschen gegeben, die mit uns leben: Mutter, Vater, Oma, Opa, Schwester, Bruder, usw. usw.

Es ist doch einfach gut, wenn man morgens geweckt wird, was zum Frühstück bekommt. Und wenn ich vom Spielen heimkomme, hört mir jemand zu. Wenn ich jemand zum Spielen brauche, rufe ich meinen Freund und wenn ich ein Geheimnis habe, brauche ich eine Freundin, der ich es erzählen kann. Miteinander ist es wirklich besser als allein.

Die Kinder gehen an ihren Platz zurück.

Lied-Wiederholung des vierstimmigen Kanons: Laßt uns miteinander ...

Gebet: Lieber himmlischer Vater. Das ist echt gut, daß wir nicht alleine sind auf dieser Welt. Du hast uns Eltern gegeben, Geschwister, Freunde, Tiere und Pflanzen, damit wir gemeinsam Freude am Leben haben und Du selbst bist auch immer mit uns. Nein, wir sind nie allein. Hab Dank dafür. Amen.

Vaterunser für die Großen.

Segenslied: Wenn wir jetzt weiter gehen, dann sind wir nicht allein ...

7.2.2 Themen, die die Kirche bietet

Glocken laden ein

Begrüßung am Kircheneingang

Lied: Der Gottesdienst soll fröhlich sein ...

Liturg: Unser Gottesdienst hat begonnen. Ich habe euch begrüßt. Wir haben miteinander gesungen und da war noch etwas. Gleich am Anfang.
Die Kinder raten lassen oder selbst auf die Glocken hinweisen.
Wir wollen einmal unsere Glocken sehen und hören.
Wir gehen aus der Kirche heraus, weit genug vom Kirchturm weg, so daß man die Gocken sehen und hören kann. Wir zählen mit den Fingern jeden neuen Klang

und ermitteln, wie viele Glocken auf dem Turm hängen. Wir schauen, wie die Glocken schwingen. Die Kinder schwingen selber mit und machen die Glocken nach. Sie erfinden schnell eine eigene Glockenmelodie: bimbam bimbam o.ä.

Warum braucht eine Kirche Glocken? Ich will es euch drinnen erzählen.

Wir gehen wieder in die Kirche, dort singen wir:

Lied: Es läuten alle Glocken ...

1. Es läu-ten al-le Glo-cken, sie läu-ten nah und fern. Sie ru-fen uns zur Kir-che. Wir Kin-der kom-men gern. Gott liebt die Kin-der. Er lädt uns al-le ein.
Gott liebt die Kin-der. Wir wol-len bei ihm sein.

Text: H. Bergmann, Melodie: H. Wortmann, aus: »Pfälzer Kindermesse«, SU 330, Studio Union im Lahn-Verlag, Limburg.

Erzähler: Warum läuten die Glocken? Sie rufen die Kinder und Erwachsenen zur Kirche. Sie laden ein.

Sie sind aber auch für Menschen wichtig, die nicht zur Kirche kommen können. Ich denke an Frau Gehnichtgut. Frau Gehnichtgut ist alt geworden und wohnt im 3. Stock. Da kommt sie nur noch herunter, wenn ihr jemand hilft.

Dabei war sie immer so gut auf den Beinen. Jetzt geht es in ihrer eigenen Wohnung schon nicht mehr so gut. Da sieht sie viel am Fernseher und hört oft Radio. Auch am Sonntag die Gottesdienste. Schade, daß sie nicht mehr in die Kirche gehen kann, zu ihrer Gemeinde. Aber eines ist ihr geblieben: Immer, wenn am Sonntagvormittag die Glocken läuten, weiß sie: jetzt beginnt der Gottesdienst. Sie kann sich genau vorstellen, wie es dort ist. Und sie weiß auch genau, was es bedeutet, wenn es zum zweiten Mal läutet. Da läutet nur eine Glocke. Jetzt wird in der Kirche das Vaterunser gebetet. Und sie betet daheim mit. Sie gehört doch auch zur Gemeinde!

Abends wird sie auch wieder mitbeten, wenn die Glocken läuten. Der Tag geht zu Ende. Die Glocken erinnern daran: ›Heut war ein schöner Tag‹ und wieder wird Frau Gehnichtgut die Hände falten. Ja, es war auch ein schöner Tag für sie.

Lied: Heut war ein schöner Tag …

Text und Musik: Martin Gotthard Schneider
Aus: „Sieben Leben möcht ich haben",
Christophorus Verlag, Freiburg,
und Verlag Ernst Kaufmann, Lahr

Gebet: Lieber himmlischer Vater. Immer wenn wir die Glocken hören, lädst Du uns ein. Wir freuen uns und kommen gerne und preisen Dich als unseren Herrn. Behüte uns auf allen Wegen und schenke uns nun Deinen Segen. Amen.

Vaterunser für die Großen

Segenswunsch

Segenslied: Fröhlich gehe ich, denn der Herr segnet mich …

Text: H. Bergmann, Melodie: H. Wortmann, aus: »Pfälzer Kindermesse«, SU 330, Studio Union im Lahn-Verlag, Limburg.

Ich bin getauft

– Erinnerung am Taufstein

Begrüßung am Kircheneingang.

Lied: Ich habe einen Namen und ich bin getauft …

Liturg: Viele unter uns sind getauft. Gott sagt uns bei der Taufe: ›Ihr gehört immer zu mir‹. Das ist gut. Darum beten wir zu ihm:

Gebet: Lieber himmlischer Vater. Wir gehören zu Dir und wollen zu Dir gehören. Nichts kann uns aus Deiner Hand reißen. Amen.

Lied: Gott sagt uns immer wieder ...

Gott sagt uns im-mer wie-der, daß man's nie ver-gißt, wo wir
gehn, wo wir stehn, daß er bei uns ist. Gott daß er bei uns ist.

Tag und Nacht, Nacht und Tag, Gott ist uns so nah. Früh am
Mor-gen, spät am A-bend, im-mer ist er da. **(Kehrvers und Strophe 2-5)**

2
Das macht Mut
und gibt Trost:
Gott ist uns so nah.
Was kann uns denn
noch erschrecken?
Immer ist er da.

3
Wo wir sind,
was wir tun,
Gott ist uns so nah.
Er läßt uns
niemals alleine.
Immer ist er da.

4
Lacht und singt,
tanzt und springt,
Gott ist uns so nah.
Sagt es weiter
allen Leuten:
Immer ist er da.

5
Schaut euch an!
Denkt daran:
Gott ist uns so nah.
Mag die Welt sich
weiter drehen,
immer ist er da.

Text: Rolf Krenzer, Musik: Peter Janssens, aus: »Gott zieht vor uns her, 1990«, alle
Rechte im Peter Janssens Musik Verlag, Telgte-Westfalen

Die Kinder werden zum Taufstein eingeladen. Der Taufstein ist mit vielen Blumen besonders festlich geschmückt.

Erzähler: Viele von euch sind hier getauft. Die Pfarrerin oder der Pfarrer hat dreimal ein wenig Wasser über euren Kopf rinnen lassen – etwa so! – und hat euch mit dem Zeichen Jesu, mit dem Kreuz gesegnet. So ist das bei uns.
Aber ihr sollt auch wissen, warum das bei uns so ist. Das hat mit Jesus zu tun. Ihr wißt schon: Jesus zog durch das Land und erzählte von Gott. Er erzählte von Gott so, wie kein anderer von Gott erzählen kann. Das haben die Leute gemerkt. Sie spürten, daß Jesus und Gott zusammengehören, wie Vater und Sohn. Ich könnte mir denken, manche haben gesagt: ›Dieser Jesus kann erzählen, als ob er bei Gott daheim ist. So viel weiß er von ihm‹.
Überall strömen die Menschen herbei, wenn Jesus kommt. Manche hören aber auch mit Neid auf seine Worte. Sie wollen nicht, daß ihm soviele Menschen nachlaufen. Sie trachten ihm nach dem Leben und schaffen das auch.
Doch Gott läßt Jesus nicht im Tod und läßt sein Wort nicht untergehen. Noch einmal kommt Jesus zu seinen Jüngern. Er macht ihnen Mut und sagt: ›Geht ihr jetzt zu den Leuten und erzählt ihnen von Gott. Ihr könnt das auch. Redet von Gott und zeigt den Leuten, wie gut es Gott meint. Tauft sie! Nehmt Wasser, wie zum Waschen. Die Leute sollen sehen, wie sie vor Gott rein sind. Legt ihnen die Hände auf, damit sie spüren, wie nahe ihnen Gott ist. Und ich will bei euch sein, alle Tage, bis an der Welt Ende.‹
So taufen wir auch heute noch, wie Jesus es wollte. Wir erzählen von Gott und taufen mit Wasser und wissen, es ist ein Zeichen dafür, daß Gott uns mag. Wir segnen die

Kinder und wissen: Gott ist ihnen dann ganz nahe. So wie die Hand, die das Kreuzzeichen über ihnen macht.

Lied: Gott sagt uns immer wieder …

Erzähler: Zur Erinnerung darf jedes Kind eine Blume vom Taufstein mitnehmen. Zu Hause stellt ihr sie in eine Vase und immer, wenn ihr sie seht, denkt daran: Gott mag mich, ich bin ja getauft.

Die Kinder gehen zurück zu ihren Plätzen.

Gebet: Lieber himmlischer Vater. Du hast uns bei der Taufe versprochen, daß Du uns immer begleiten wirst, auf allen Wegen unseres Lebens. Behüte uns bitte auch in der kommenden Woche. Uns, unsere Mama, unseren Papa, unsere Freunde und Freundinnen und auch die, mit denen wir manchmal nicht so gut zurecht kommen. Du magst sie alle. Das ist gut. Amen.

Vaterunser für die Großen.

Segenslied: Ich bin bei euch alle Tage, seid nicht bang

Das beste Buch fürs Leben

– die Bibel

Begrüßung am Kircheneingang.

Lied: Wir sind die Kleinen in den Gemeinden …

Liturg: Ich freue mich, daß ihr da seid. Wir wollen heute unsere Kirche wieder ein Stück näher entdecken. Heute wollen wir etwas kennenlernen, was man ganz leicht übersehen kann, wenn man nur so herumsieht. Vorher aber wollen wir beten zu dem, der uns nicht übersieht.

Gebet: Lieber himmlischer Vater. Es ist gut, daß Du uns nicht übersiehst, sondern anschaust. Wir wollen leben, wie es Dir gefällt. Amen.

Lied: Masithi ...

Die Kinder kommen an den Altar und nehmen auf dem Altarteppich Platz.

Erzähler: Wir wollen unsere Kirche wieder ein Stück mehr kennenlernen. Heute schauen wir uns etwas an, was man fast übersehen kann. Die Kinder schauen, raten, evtl. helfen wir ihnen mit Tips nach der Methode: »heiß – ganz heiß – kalt – ganz kalt«. Wenn die Kinder auf die Bibel gestoßen sind, wird die Bibel deutlich respektvoll vom Altar genommen.
Dieses Buch meine ich! Es ist ein dickes Buch. Alle Geschichten von Gott und Jesus, die ich euch erzähle, sind aus diesem Buch. Ich habe es vor euch gelesen und wenn ich mir dann denke, das darf ich ja nicht vergessen, zu erzählen, was ist wichtig, dann hört ihr es in unseren Gottendiensten.
Das ist ein gutes Buch. Wir nennen es Bibel. Ich lese gern darin, weil es immer von Menschen und von Gott erzählt. Damit wir die Bibel auch zu Hause lesen können, gibt es nicht nur so große, sondern auch ganz kleine Bibeln (zeigen). Es gibt Bibeln in allen Sprchen, auf der ganzen Welt. Und überall, wo die Menschen von Gott hören, werden sie froh. Dann fangen sie an zu singen, wie die Menschen in Afrika:

Lied: Masithi ...

Erzähler: Im guten Buch der Bibel sind Geschichten für Kleine und Große. Eine will ich euch heute noch erzählen: Jesus ist mit seinen Freunden unterwegs. Abends setzt er sich zu ihnen in ein Boot und sie fahren über den See, an dem sie schon so oft entlanggegangen sind. Da kommt ein Sturm auf. So schwer, daß die Freunde Jesu, die Jünger, Angst haben. Wasser spritzt in das Boot. Dann schlagen Wellen herein. Der Wind nimmt zu. Die Angst auch. Nur einer ist ruhig. Jesus.
Die Jünger verstehen das gar nicht. Sie wecken ihn und werfen ihm vor: ›Ist dir wohl ganz egal, daß wir hier untergehen?‹ Doch Jesus sagt ihnen: ›Wenn ich bei euch bin, braucht ihr doch keine Angst zu haben.‹ Da werden sie wieder ruhig. Ruhig wird auch der See. Wenn Jesus da ist, brauchen Menschen keine Angst zu haben.

Lied: Ich bin bei euch alle Tage ...

Die Kinder bekommen das Verteilbüchlein aus der Reihe: »Was uns die Bibel erzählt« und gehen zurück auf ihre Plätze.

Gebet: Lieber himmlischer Vater. Dir sei Dank für das gute Buch, in dem so viele tolle Geschichten von Dir und den Menschen stehen. Wenn wir nun in die neue Woche hineinleben, brauchen wir keine Angst zu haben, denn Du bist ja bei uns. Amen.

Vaterunser für die Großen

Segen.

Lied: Fröhlich gehe ich, denn der Herr segnet mich ...

7.2.3 Biblische Geschichten

Jesus der gute Hirte

Begrüßung am Kircheneingang.

Lied: Wir sind die Kleinen in den Gemeinden ...

2. Wir sind die Kleinen in den Gemeinden,
   doch ohne uns geht gar nichts, ohne uns geht's schief.
   Wir sind das Licht in der Nacht der Gemeinde,
   egal was andre machen, wir machen mit.

3. Wir sind die Kleinen in den Gemeinden,
   Doch ohne uns geht gar nichts, ohne uns geht's schief.
   Wir sind die Hefe im Teig der Gemeinde,
   egal war andre meinen, wir machen mit.

4. Wir sind die Kleinen in den Gemeinden,
   doch ohne uns geht gar nichts, ohne uns geht's schief.
   Wir sind der Schatz im Acker der Gemeinde.-
   Egal was andre meinen, wir machen mit.

5. Wir sind die Kleinen in den Gemeinden,
   Doch ohne uns geht gar nichts, ohne uns geht's schief.
   Wir sind die Kinder im Leben der Gemeinde,
   egal was andre meinen, wir machen mit.

Text: Jürgen Fliege, Dietmar Fissel
Musik: Holger Clausen
aus: Wie der Angst die Luft ausgeht, 1981
alle Rechte im tvd-Verlag, Düsseldorf

Liturg: Schön, daß ihr da seid! Schön, daß wir miteinander Gottesdienst feiern können und wissen: Gott ist dabei. Zu ihm beten wir.

Gebet: Lieber himmlischer Vater. Bei Dir sind wir so sicher, wie ein Hirte, der auf seine Schafe aufpaßt. Es gibt keinen Weg, auf dem Du uns nicht findest. Das ist gut. Amen.

Lied: Gott, Du bist mein Hirte …
oder: Weil ich Jesu Schäflein bin …

T: R. Krenzer
M: P. Janssens

2
Folg' ich auf dem Weg dir,
den du von mir verlangst,
geht's durch dunkle Täler,
ich habe keine Angst.

3
In der Fremde hast du
den Tisch für mich gedeckt.
Und ich weiß, du freust dich,
wenn es mir dann auch schmeckt.

4
Ich spür deine Liebe,
drum ist mir nicht bang.
Ich darf bei dir bleiben
mein ganzes Leben lang.

Text: Rolf Krenzer, Musik: Peter Janssens, aus: »Gott zieht vor uns her, 1980«, alle
Rechte im Peter Janssens Musik Verlag, Telgte-Westfalen

Alle Kinder werden zum Altar eingeladen und sitzen auf dem Altarteppich.

Erzähler: Von einem Mann will ich euch heute erzählen, dabei weiß ich nicht einmal, wie er heißt. Aber ich weiß, daß er stark ist. Wer bei ihm ist, braucht keine Angst zu haben. Und gute Augen hat er! Er sieht alles um sich herum. Das muß er auch, denn er ist Hirte und hat eine große Herde Schafe. Man kann gar nicht glauben, daß er alle einzelnen Schafe kennt. Aber er kennt sie. Und wenn nur eines fehlt, merkt er das. Er sucht es, bis er es findet. Wenn es sich verlaufen hat, geht er ihm nach. Wenn es sich verletzt hat, pflegt er es gesund. Wenn es dunkel geworden ist, ruft er es. Wenn es von wilden Tieren bedroht wird, geht er dazwischen. Denn er ist stark und er ist der Hirte. Bei ihm ist die Herde sicher. So sicher, wie wir bei Gott.
Nach Lukas 15,1–6

Lied-Wiederholung: Gott, du bist mein Hirte ...

Anschließend teilen wir das Leporello »Das kleine Schäfchen« aus, betrachten die Bilder und wiederholen dabei die Geschichte vom guten Hirten.
Die Kinder stecken die Leporellos in ihre Taschen und gehen zurück zu ihren Plätzen.

Lied-Wiederholung: Gott, du bist mein Hirte ...

Gebet: Lieber himmlischer Vater. Geborgen bin ich bei Dir wie die Schafe bei ihrem Hirten. Du gibst auf mich acht, jeden Atemzug, jeden Tag, jede Nacht. Behüte uns auch in der kommenden Woche. Amen.

Vaterunser für die Großen.

Segenslied: Ich bin bei euch alle Tage, seid nicht bang ...

Jesus hat die Kinder lieb

Begrüßung am Kircheneingang.

Lied: Wir sind die Kleinen in den Gemeinden ...

Liturg: Ich freue ich, daß ihr da seid und daß ich fast alle von euch beim Namen rufen kann. Das ist wichtig, weil man daran merkt, daß man sich kennt. Einer kennt uns alle beim Namen. Zu ihm beten wir.

Gebet: Lieber himmlischer Vater. Du kennst uns alle und weißt, wie wir sind. Du magst uns und gibst prima auf uns acht. Danke. Amen.

Lied: Jesus hat die Kinder lieb …

1. Je - sus hat die Kin - der lieb. Er lädt sie al - le ein. Keins ist bei ihm aus - ge - schlos - sen. Al - le sind sie sein.

2. Jesus hat die Kinder lieb. Für ihn sind alle gleich. /
Großen und auch Kleinen schon gibt er das Gottesreich.

3. „Jesus hat die Kinder lieb", so geht es um die Welt. /
Liebe ist es, die uns alle und die Welt erhält.

Text und Melodie: Kurt Rommel, aus: »9 x 11 neue Kinderlieder zur Bibel«,
Christophorus-Verlag, Freiburg, und Verlag Ernst Kaufmann, Lahr

Erzähler: Ja, das stimmt! ›Jesus hat die Kinder lieb!‹
Das haben sich seine Freunde gemerkt und viele haben
es gesehen. Es war ja mitten im Dorf.
Jesus war mit seinen Freunden gekommen. Jetzt ist er
umringt von vielen Männern und Frauen. Die Kinder
müssen sehr aufpassen, daß man sie nicht übersieht.
Weil sie aber auch was sehen wollen, drängeln sie sich
nach vorne. Das machen alle Kinder so. Doch da stehen
die Freunde von Jesus: ›Kommt, laßt doch unseren
Herrn in Ruhe‹, sagen sie. ›Der Tag war lang und heiß.
Er ist müde.‹
Aber die Kinder sind nicht abzuhalten. Genauso wie die
Großen warten sie darauf, daß Jesus von Gott erzählt.
›Gott‹, so sagte er einmal, ›Gott ist wie ein Vater!‹ Er
wußte noch viel mehr über Gott, so wie kein anderer auf
dieser Welt.

›Das ist doch nichts für Kinder‹, sagen die Freunde von Jesus wieder. ›Spielt lieber!‹ Doch das muß Jesus gehört haben. Er ruft sie zurück. ›Laßt doch die Kinder zu mir kommen!‹

Dann kommen die Kinder. Einem Kind gibt er die Hand und stellt es so richtig vor sich hin. ›Schaut hin‹, sagt er zu seinen Freunden und zu allen, die es hören können: ›Schaut hin, so unschuldig wie dieses Kind, so hilflos wie ein Kind, so neugierig wie ein Kind müßt ihr sein, wenn ihr ins Himmelreich wollt.‹ Da sehen sich die Großen ganz erstaunt an und flüstern miteinander: ›Was meint er damit?‹ Die Kinder aber spüren, bei Jesus ist Platz für sie. Er schickt sie nicht weg. Er fragt nicht, was sie können. Er mag sie einfach. Da trauen sie sich vor, eines nach dem anderen. Jedem legt er die Hände auf. Jedes Kind segnet er.

Die Freunde Jesu haben wohl nie mehr ein Kind zurückgedrängt. Sie haben verstanden: Jesus hat die Kidner lieb.

Nach Markus 10,13–16

Austeilung des Leporellos »Die kleinen Kinder« und kurze Bildbetrachtung.

Die Kinder stecken ihre Leoporellos fest in ihre Taschen und gehen wieder zurück an ihre Plätze.

Gebet: Lieber himmlischer Vater. Du liebst die Kleinen und die Großen, die Menschen, die wir mögen und auch die, mit denen wir Schwierigkeiten haben. Behüte Du sie alle und auch mich. Amen.

Vaterunser für die Großen

Segenslied: Der Herr segne dich ...

Text und Musik: Ulrich Gohl
Aus: »Neue Lieder II«; Rechte: Hänssler Musik Verlag, Kirchheim/Teck

2. Der Herr segne dich und behüte dich,
   der auch den fernsten Stern beim Namen nennt.
   Der Herr segne dich und behüte dich.
   Er ist's, der auch dein Licht und Dunkel kennt.

   Amen ...

81

3. Der Herr segne dich und behüte dich.
   Er ging für dich den Weg, der Liebe heißt.
   Der Herr segne dich und behüte dich.
   Er leitet dich mit seinem guten Geist.

   Amen ...

7.2.4 Jahreskreis

Die Geschichte vom Regenbogen

– vor dem Urlaub –

Begrüßung am Kircheneingang

Lied: Sind zwei, sind drei in meinem Namen eins ...

TÜ: D. Trautwein, aus: »Komm, Herr, segne uns«, © Burckhardthaus-Laetare Verlag Offenbach

Liturg: **Bald sind Ferien, wir freuen uns darauf, wir haben Zeit füreinander. Hoffentlich viel Sonne, sicher auch manchmal Regen. Dann schaut zum Himmel. Ihr werdet den Regenbogen sehen. Er ist ein Zeichen Gottes. Ich will euch davon erzählen, wenn wir gebetet haben.**

Gebet: Lieber himmlischer Vater, so wie der Regenbogen unsere Welt überspannt, hältst Du Deine Hände über uns. Hab Dank dafür. Amen.

Lied: Ich bin bei euch alle Tage, seid nicht bang.

Kanon für 3 Stimmen

Quelle: W. Longardt »Du bist unter uns«, Gütersloh

Alle Kinder werden zum Altar eingeladen und setzen sich auf den Teppich vor den Altar.

Erzähler: ›Ich bin bei euch alle Tage, seid nicht bang‹ haben wir eben gesungen. Gott selber hat uns das zugesagt. Wir sind sicher bei ihm. Auch wenn wir mitten in einem Sturm wären, so wie Noah.
Noah war ein Mann, der auf Gott hörte. Mit seinen drei Söhnen baute er ein Schiff, ein riesengroßes Schiff. So ein großes Schiff nennen wir ›Arche‹. Als Noah fertig war, rief er alle Tiere. Von allen Tieren nahm er ein Männchen und ein Weibchen und führte sie in die

Arche. Gott wollte es so. Noah tat es. Zuletzt ging er selbst in die Arche mit seiner Frau und den drei Söhnen. Er legte einen großen Riegel vor die Luke der Arche. Dann begann es zu regnen. So sehr, daß es nicht mehr aufhörte.

Bald schwamm das Schiff. Das Land verschwand. Noch nie hatte Gott so viel regnen lassen. Alles versank. Nur Noah und seine Arche blieben. Sie waren geborgen. Als der Regen aufhörte, wurde es wieder trocken. Bäume tauchten wieder auf, Sträucher und Gras. Die Arche saß wieder auf festem Boden. Noah und die Tiere kamen heraus. Gott selbst hat sie bewahrt.

Als sie herauskamen, stand über ihnen ein Regenbogen – wunderschön –! Noah versteht, was Gott damit sagen will: So wie der Regenbogen über der Erde steht, will Gott die Erde behüten. Es ist seine Welt. Der Regenbogen ist ein Zeichen Gottes. Er hält die Welt in seiner Hand.

Nach 1. Mose 7–9.

Lied: Ich bin bei euch alle Tage, seid nicht bang …

Wiederholung mit dem Leporello »Das große Schiff«.

Die Kinder stecken das Leporello fest in ihre Taschen und gehen zurück zu ihren Plätzen.

Gebet: Lieber himmlischer Vater, unter Deinem großen Regenbogen liegt die Welt. Wenn Du über unserer Welt bist, sind wir sicher. Dir vertrauen wir auch in der kommenden Woche. Amen.

Vaterunser für die Großen.

Segenskreis: Ich bin bei euch alle Tage, seid nicht bang.

Guter Gott, Danke schön

– zum Erntedank-Fest

Begrüßung am Kircheneingang.

Lied: Heut ist ein Tag, an dem ich singen kann.

2. Heut ist ein Tag, an dem ich lachen kann . . .
3. Heut ist ein Tag, an dem ich klatschen kann . . .
4. Heut ist ein Tag, an dem ich rennen kann . . .
5. Heut ist ein Tag, an dem ich schnarchen kann . . .
6. Heut ist ein Tag, an dem ich flöten kann . . .

Text: L. Kleikamp; Musik: Detlev Jöcker
Aus Liedspielheft und MC: »Heut ist ein Tag, an dem ich singen kann«
Kopier- und Verlagsrechte im Menschenkinder-Verlag, Münster

Liturg: Heute ist ein schöner Tag: Erntedank-Fest. Wir sagen Gott Danke: Danke für unsere Gesundheit, danke für unsere Eltern, danke für unsere Geschwister, danke für unsere Arbeitskraft, danke, daß es Menschen gibt, die ackern, backen und schneidern, Menschen, die für andere arbeiten: Straßenbahn-Schaffner, Krankenschwestern, Erzieherinnen, Polizisten (wenn möglich, selbst erfinden lassen). Für all das danken wir.

Gebet: Lieber himmlischer Vater. Jeder Tag ist ein Geschenk. Jeder Mensch ist ein Geschenk. Alles, was wir haben, kommt von Dir, wir danken Dir dafür. Amen.

Lied: Sing mit mir ein Halleluja
Gesungen von einem/r VorsängerIn im Wechsel mit der Gemeinde.

Alle Kinder werden zum Altar eingeladen und sitzen auf dem Altarteppich.

Erzähler: Von zehn Männern will ich euch heute erzählen. Sie leben nicht zu Hause. Sie leben draußen vor ihren Dörfern. Einmal am Tag stellen ihnen ihre Frauen und Kinder Essen unter einen Baum. Das holen sie sich. Sie dürfen mit niemandem in Berührung kommen. Sie sind krank. Man steckt sich an, wenn man sie berührt.
So haben sie nur zwei Wünsche: Jeden Tag genug zu essen haben und – gesund werden. Wenn sie wieder gesund sind, können sie wieder zurück zu ihren Frauen und Kindern.
Doch die Hoffnung ist klein. Helfen kann nur ein Wunder und Wunder macht nur Gott.
Da hören sie, daß der Herr Jesus vorbeikommen soll. Das wäre etwas, wenn sie ihn bitten könnten! Jesus heißt doch: ›Gott hilft‹. Viel haben sie schon von ihm gehört. Aber man wird sie wohl wieder wegscheuchen, wie immer, wenn sie jemandem zu nahe kommen.

Doch Jesus schickt sie nicht weg. Er sieht ihre Krankheit, ihre bittenden Augen. Er hört ihre ganze Hoffnung: ›Du allein kannst uns helfen!‹

›Geht‹, sagt er, ›geht hinein in die Stadt und zeigt euch im Tempel. Dort wird man feststellen, daß ihr wieder gesund geworden seid.‹

Sie fragen nicht, sie gehen. Sie gehen unter die Leute. Keiner weicht zurück. Ihr Aussatz ist abgefallen. Sie sind wieder gesund. Sie können wieder unter die Menschen! Da fallen sie sich in die Arme. Endlich ist ihr Leid vorbei!

Neun Männer gehen nach Hause. Ich denke mir, sie werden gelaufen sein. Einer geht zurück. Er fragt, wo Jesus jetzt ist. Er sucht ihn. Er findet ihn. Dann fällt er vor ihm nieder. ›Danke, Herr‹, sagt er. ›Danke, daß Du mir geholfen hast!‹

›Du bist allein?‹ fragt Jesus. ›Wo sind die anderen?‹ Doch Jesus weiß wohl, wie das bei den Menschen so ist. Das Danken vergessen sie oft.

Nach Lukas 17,11–18

Lied: Wo ich gehe, wo ich stehe …

Erzähler: Viele Leute haben uns den Erntedank-Altar geschmückt, haben uns Lebensmittel und Obst geschenkt. Wir danken dafür. Aus diesem Korb, den wir eigens für euch gefüllt haben, darf sich nun jedes Kind einen Apfel herausnehmen, als Erinnerung an diesen Gottesdienst.

Wir beten am Erntedank-Altar.

Gebet: Lieber himmlischer Vater. Du hast vieles wachsen und reifen lassen. Auch wir sind größer geworden. Wo wir gehen und stehen, bist Du da. Hab Dank dafür. Heute, morgen und an jedem neuen Tag. Amen.

Vaterunser für die Großen.

Segenslied: Guter Gott, dankeschön ...

Gu - ter Gott, dan - ke - schön! Wenn wir aus dem Bett auf - stehn, was der Tag auch brin - gen mag, dan - ke für den Tag! Fröh - lich ge - he ich, denn der Herr seg - net mich. Fröh - lich ge - he ich, er be - glei - tet mich.

2. Lieber Gott, dankeschön! Wenn wir zu der Schule gehn, geh du bitte Schritt für Schritt mit uns allen mit. Fröhlich gehe ich . . .

3. Lieber Gott, dankeschön! Wenn wir 'raus zum Spielen gehn, bleib bei uns und gehe mit, daß uns nichts geschieht. Fröhlich gehe ich . . .

4. Guter Gott, dankeschön! Wenn wir abends schlafengehn, gib im Schlaf noch auf uns acht in der dunklen Nacht. Fröhlich gehe ich . . .

T: Rolf Krenzer; M: nach der Pfälzer Kindermesse
Rechte: Verlag Ernst Kaufmann, Lahr und Kösel-Verlag, München
Aus: „Regenbogen bunt und schön"

Schön ist die Welt

– zum Erntedank-Fest

Begrüßung am Kircheneingang.

Lied: Du hast uns Deine Welt geschenkt …

Liturg: Heute ist ein Sonntag, auf den sich viele vorbereitet haben. Schaut mal hin, was wir alles bekommen haben. Die Kinder gehen zum Erntedank-Altar und schauen die Früchte und Lebensmittel an.

Gebet: Alle guten Gaben, alles was wir haben, kommt o Gott, von Dir. Dank sei Dir dafür. Amen.

Lied: Hallelu, hallelu, hallelu, halleluja …

Die Kinder werden zum Altar eingeladen und setzen sich auf den Altarteppich. Jedes Kind bekommt ein Leporello: »Die schöne Welt«. Erzählen und Betrachten fließen ineinander:

Erzähler: Viele Leute haben sich auf diesen Sonntag eingestellt. Sie haben all das geschenkt, was wir zuvor gesehen haben. Fleißige Helfer bringen die Früchte und Lebensmittel jetzt dann zu armen oder einsamen Leuten in unserer Gemeinde.
Einer hat sich schon immer auf uns eingestellt: Gott. Er hat wachsen lassen, was wir heute bestaunen. Er hat die Sonne gemacht, das Licht zum Leben und den Mond, damit wir die Nacht zum Schlafen haben. Er hat das Gras wachsen lassen, die Sträucher und die Bäume. Er hat die Tiere geschaffen. Die kleinen und die großen, die Tiere, die wir streicheln können und die Tiere, die

wir besser nicht zu Hause halten. Die Fische, die im Wasser leben und die Vögel, die uns davonfliegen, wenn wir zu nahe hinkommen, hat er geschaffen. Er hat die Menschen werden lassen, die für uns da sind. Er hat alles gemacht, was wir haben. Darum wollen wir auf die Bäume und die Tiere, auf die Menschen und die Erde gut aufpassen. Es ist seine Welt. Wir leben nur hier und sagen danke.

Die Kinder gehen wieder zurück zu ihren Plätzen.

Lied: Hallelu, hallelu, hallelu, halleluja ... evtl. mit selbstgefaßten, neuen Versen.

Gebet: Lieber himmlischer Vater. Du hast uns die ganze Welt geschenkt, damit wir genug haben auf dieser Erde. Nicht nur wir, sondern auch die Menschen, die auf unsere Hilfe angewiesen sind und die nach uns kommen. Laß uns gerne teilen, was wir haben.

Vaterunser für die Großen.

Segen.

Lied: Du hast uns Deine Welt geschenkt.

Josef und Maria gehen nach Bethlehem

– zum 4. Advent

Begrüßung am Kircheneingang

Lied: Wir sagen euch an den lieben Advent ...

Während des Liedes entzünden wir Vers für Vers die Kerzen am Adventskanz

Liturg: Wir dürfen ganz sicher sein: Wenn wir zum Gottesdienst zusammenkommen, ist Gott bei uns. Zu ihm beten wir:

Gebet: Lieber himmlischer Vter. Alles um uns ist jetzt voller Geheimnisse. Wir freuen uns auf Weihnachten. Hab Dank, daß Du uns dieses Fest geschenkt hast. Amen.

Die Kinder werden zum Altar eingeladen und setzen sich auf den Altarteppich.

Erzähler: Ich erzähle euch eine Weihnachtsgeschichte: Es ist eine ganz besondere Geschichte. Es ist die Geschichte vom ersten Weihnachtsfest.
Es ist die Geschichte von einer Frau, einem Mann und Gott. Gott ist mit den Beiden, als sie lange, lange unterwegs sind. Sie müssen durch ihr heißes Land bis hin nach Bethlehem. Das ist eine kleine Stadt. Dort ist der Mann geboren. Er heißt Josef. Er muß seinen Namen auf eine lange Liste setzen. Wenn man die Listen von allen Städten zusammennimmt, weiß man, wieviele Leute in diesem Land leben.
Josef setzt seinen Namen auf die Liste und den Namen seiner Frau. Sie heißt Maria. Dann suchen sie ein Haus zum Ausruhen für ein paar Tage, denn Maria sollte eigentlich keine so große Reise machen. Sie erwartet ein Kind. Doch Maria und Josef finden nichts. Alles ist besetzt. Und manchmal mögen die Leute auch nicht. Ihr wißt ja, wie das ist.
Da gehen sie hinaus vor die Stadt. Dort, wo die Hirten mit den Schafen sind, finden sie ein Haus. Es ist mehr

ein Stall, als ein Haus, aber es ist warm. Dort wird das Kind geboren. Gott wollte es so und Maria und Josef freuen sich.

Sie sind nicht lange allein. Die Hirten haben gemerkt, daß in diesem Haus etwas Besonderes geschehen ist. Ihnen ist gerade so, als ob der Himmel leuchtet. Später erzählt man sich, es hätten die Engel gesungen in dieser Nacht!

Als man Maria und Josef fragt, wie das Kind heißen soll, sagen sie: ›Jesus‹.

›Wieso Jesus? Kein Mann heißt Jesus in eurer Familie!‹ Doch dann begreifen sie: Jesus heißt ›Gott hilft‹. Das ist ein schöner Name.

So war das beim ersten Weihnachten ohne Baum, ohne Kerzen und ohne Geschenke. Aber jedes Jahr an Weihnachten erinnern wir uns. Jesus ist geboren. Das heißt: ›Gott hilft!‹ Darum feiern wir alle Jahre.

Lied: Alle Jahre wieder ...

Austeilung des Weihnachtsverteilheftes aus der Reihe: »Was uns die Bibel erzählt«.

Kurze Wiederholung anhand der Bilder aus dem Heft.

Die Kinder stecken ihre Heftchen ein und gehen zu ihren Plätzen zurück.

Lied: Ihr Kinderlein kommet ...

Gebet: Lieber himmlischer Vater. Du hast Josef und Maria nicht allein gelassen. Du wirst auch uns nie im Stich lassen. Du wirst uns immer im Auge haben, denn an Jesus hast Du uns gezeigt: Du hilfst. Darum wollen wir Weihnachten feiern. Amen.

Vaterunser für die Großen.

Segenskette: Alle nehmen einander an den Händen. Nach dem Segenswort wünschen wir uns alle gegenseitig: ›Frohe Weihnachten‹.

Tragt in die Welt nun ein Licht

– am Heiligen Abend

Begrüßung am Kircheneingang

Jedes Kind bekommt eine Krippenfigur in die Hand. Vor dem Altar steht das Krippenhaus ohne Figuren aufgebaut.

Lied: Ihr Kinderlein kommet ...

Liturg: Ich feiere gerne Weihnachten in unserer Kirche. Es ist alles so hell. Die Kerzen strahlen. Eure Gesichter strahlen auch. Wir beten.

Gebet: Lieber himmlischer Vater. Um uns ist alles hell. Laß es an diesem Abend hell werden in den Herzen aller Menschen auf der Welt. Laß es warm werden auch für die Ärmsten in unserer Stadt, so wie das erste Weihnachtsfest auch bei den armen Leuten begonnen hat. Amen.

Lied: Tragt in die Welt nun ein Licht...

Erzähler: Wir wollen heute etwas ganz Besonderes probieren. Wir werden uns die Weihnachtsgeschichte *miteinander* erzählen. Das geht so: Ich erzähle und jedes

Kind, das eine Krippenfigur hat, kommt heraus, wenn ich davon rede. Wenn ich von den Hirten erzähle, kommen also alle Hirten nach vorne. Ihr könnt die Krippe selber so bauen, wie ihr wollt. Ihr könnt dann gleich vorne auf dem Altarteppich sitzen bleiben, aber so, daß ihr etwas sehen könnt.

Wenn ich von Weihnachten erzähle, fallen mir zuerst die *Hirten* ein, die mit ihren *Schafen* auf den Weiden vor der kleinen Stadt Bethlehem waren. Sie merkten dem Tag nicht an, daß er etwas besonderes sein sollte. Es war heiß und es gab viel Arbeit.

Heiß war es, das merkten auch *Josef* und *Maria*, die mit ihrem *Esel* unterwegs waren. Das war gut für Maria, so konnte sie immer wieder einmal auf dem Esel sitzen. Sie erwartete nämlich ihr Kind. Sie waren lange unterwegs und es war nicht leicht, immer ein Haus zum Ausruhen zu finden. Auch an diesem Tag haben sie nichts anderes gefunden als einen Stall draußen vor der Stadt.

Das war das einzige Besondere an diesem Tag für die Hirten: Eine Frau und ein Mann, die sie nicht kannten, waren dort drüben im Haus.

Abends zünden die Hirten ihre *Lagerfeuer* an und hängen ihre *Kessel* über das Feuer. Die Schafe liegen schon ruhig. Da sehen sie drüben ein Licht. Sie gehen hinüber zu dem Haus, in dem Maria und Josef sind. Sie schauen hinein und sie sehen, daß diese Nacht doch eine ganz besondere Nacht ist: Ein Kind ist geboren worden. Mitten unter ihnen. Es heißt Jesus. Das heißt: ›Gott hilft‹. Das haben sie oft erlebt, aber noch nie ist es ihnen so nahe gewesen, so vor Augen: Gott hilft!

Als sie zurückgehen, ist ihnen ganz warm geworden und es ist ganz hell, trotz der Nacht. Sie feiern die Geburt von Jesus mit, so wie wir heute.

Zum Zeichen dafür bekommt jede und jeder von euch eine kleine Kerze mit einem kleinen Fuß.

Die Kerzen werden unter Kinder und Erwachsene verteilt.

Dann kommen die Mütter und Väter und holen ihre Kinder vorne am Altar ab, zünden die Kerzen hier vorne an und gehen gemeinsam mit ihren Kindern wieder in ihre Bänke.

Lied: Tragt in die Welt nun ein Licht …

Gebet: Lieber himmlischer Vater. Es ist hell geworden, bei den Hirten im Stall von Bethlehem, für Maria und Josef. Laß auch uns ein Lichtblick sein für die Menschen, die uns heute und in der nächsten Zeit begegnen. In unseren Häusern und in unserer Stadt. Amen.

Vaterunser für die Großen.

Liturg: Wir müssen sehr auf unsere Kerzen aufpassen, damit nichts anbrennt, wenn wir nach dem Segen hinausziehen.

Segenswunsch und Auszug mit dem Lied: Tragt in die Welt nun ein Licht …

Weitere Einfälle zu Weihnachten:

Wir freuen uns auf Weihnachten

– am Heiligen Abend –

Aufbau wie die beiden vorangehenden Entwürfe. Erzählung ähnlich dem Entwurf »Maria und Josef gehen nach Bethlehem«.

Seitlich vom Altar steht eine transparente Projektions-
wand. Auf ihr erscheint das Krippen-Dia der Lichtbild-
serie: »Eine wundersame Nacht. Weihnachtslegende
nach dem Bilderbuch von Else Schwenk-Angerer«,
Calwer-Verlag, Stuttgart. Von diesem Bild gibt es eine
preisgünstige Transparent-Aufstellkrippe, die die Kinder mit nach Hause nehmen können.

Kommet ihr Hirten, ihr Männer und Frau'n

– zum 4. Advent –

Ausgangspunkt ist das Volkslied »Kommet ihr Hirten,
ihr Männer und Fraun'n ...«. Gestaltungsmittel das Mit-
machbüchlein 14 aus dem Verlag Ernst Kaufmann,
Lahr: »Mein Adventsbüchlein«. Die Papierkrippe, die
in diesem Heft enthalten ist, muß vorher einmal ausge-
schnitten, bemalt und zum Teil geklebt werden. Bei
Nennung der einzelnen Personen und Orte wird die
Krippe jeweils um einen Teil ergänzt. Da die Papierfigu-
ren nicht sehr robust sind, empfiehlt es sich, mit einem
Assistenten zu arbeiten, der das Aufsetzen der Figuren
vornimmt. Die Kinder bekommen nach der Erzählung
das Mitmachheftchen zum Basteln mit nach Hause.

8. Langzeitfolgen

Jeder, der es mit dem Krabbelgottesdienst versucht hat, wird erfahren, daß er diese Arbeit nicht auf den Sonntagvormittag beschränken kann. Der Krabbelgottesdienst läßt seine Wirkungen weit darüber hinaus spüren: Der Kindergottesdienst wird von den kleinen Kindern entlastet und ist wieder ein Angebfot für die Schulkinder.

Kinder und junge Eltern finden fast selbstverständlich den Zugang zur Gemeinde. Die Schwellenangst, die oftmals besteht, wird ungemein heruntergesetzt.

Wenn junge Familien in der Gemeinde erst einmal beheimatet sind, zieht das Familienrüstzeiten über das Wochenende oder in den Ferien nach sich.

Der Krabbelgottesdienst ist eine Hilfe für religionspädagogisch überforderte Eltern.

Wer Krabbelgottesdienste hält, kann nicht mehr unüberlegt den traditionellen Familienbegriff gebrauchen. Er erlebt, daß fast 50 % aller Kinder von Alleinerziehenden begleitet werden und ein genauso hoher Prozentsatz in Zweitfmailien lebt. Wer deshalb zu selbstverständlich die klassischen Familienvorstellungen gebraucht, grenzt die Hälfte der Besucherinnen und Besucher aus.

Mit dem Kontakt zu den jungen Familien steigt die Verbindung zu anderen »kinderfreundlichen Einrichtungen« im Stadtteil. Die Arbeit mit Kleinkindern ist gar nicht anders möglich, als in guter Absprache mit der Nachbargemeinde. Die überwiegend konfessionsverschiedenen Ehen heutiger Zeit bringen es mit sich, daß die Eltern oft von beiden Kirchen eingeladen werden. Wir werden die Familien nicht in die Zerreißprobe bringen, sondern selbst lernen, daß wir christliche Gemeinschaft in der Verschiedenheit sind. Es wäre unverständlich, wenn wir uns ärgern würden, daß ein Kind, das in unserem Krabbelgottesdienst ist, katholisch getauft wird. Wir werden ihm eine Taufkerze zukommen lassen oder einen Gruß zur Taufe, damit auch weiterhin die bleibende Verbundenheit erfahren wird. Wir werden hoffentlich auch in oekumenischer Gemeinschaft zu gemeinsamen Wochenenden und Freizeitangeboten, Festen oder Gruppen einladen.

Der Kindergarten der Gemeinde wird nicht mehr nur ein pädagogisch betreuter Abstellplatz für Kinder sein, sondern einbezogen werden in das gemeindepädagogische Konzept. Oft sind auch Kindergärten in kommunaler Trägerschaft um den Kontakt zur Gemeinde dankbar. Eine Gemeinde ist den Erzieherinnen und Erziehern die Begleitung schuldig, damit sie Kindern den gesamten Lebenshorizont vermitteln können und die religiöse Erziehung nicht auf die Sozialerziehung reduziert wird.

Wer mit der Spontaneität und Kreativität des Krabbelgottesdienstes lebt, wird auch in den Gottesdiensten der Erwachsenengemeinde die Freiheit finden, immer wieder vom agendarischen Formular abzuweichen und dieses Formular aus der Stereotype zum Leben zu erwecken, wie das übrigens auch immer schon zu verstehen war.

9. Literatur und Arbeitshilfen

9.1. Arbeitshilfen auf dem Markt der Insider

Spezielle Arbeitshilfen im Buchhandel sind noch spärlich. Aber auch die Arbeitshilfen auf dem »grauen Markt« der Insider sind nicht gerade reichlich. Die Beratungsstellen der Landeskirchen für die Gottesdienstgestaltung haben vereinzelt Material. So etwa die Materialstelle für Gottesdienst, Weiltingerstraße 15, 8500 Nürnberg 60. Auch über die Landesverbände für Kindergottesdienstarbeit bekommt man in der Regel nützliche Hinweise. Meist wird dort auch das Material, das bekannt wird, gesammelt.

Der Text-Themen-Plan des Gesamtverbandes der Evangelischen Kirche in Deutschland gibt zwar keine speziellen Hinweise für den Krabbelgottesdienst. Das dort zu den einzelnen Themen genannte Material ist jedoch so umfangreich, daß immer auch Ideen und Materialien für einen Krabbelgottesdienst zu gewinnen sind.

Die Helferzeitschriften für den Kindergottesdienst bieten meist zu lange Erzählvorschläge für den Krabbelgottesdienst. Als Sammlung von Themen und kreativen Angeboten sind sie jedoch möglich: Evang. Kinderkirche, Verlag Junge Gemeinde, Stuttgart, und: Der Kindergottesdienst, Gütersloher Verlagshaus, Ludwig Beckauf Verlag.

Es ist erstaunlich, wie viele Gemeinden mit Gottesdiensten für Kleinkinder bereits Erfahrungen sammeln, ohne daß sie voneinander wissen. Es lohnt der Versuch, die Gemeinden eines bestimmten Einzugsgebietes bzw. Dekanats zu einem gemeinsamen Erfahrungsaustausch einzuladen.

9.2. Arbeitshilfen im Buchhandel

9.2.1 Allgemeine Literatur zur Religions- und Gemeindepädagogik

Inge Behr, Mit Staunen fängt es an. Ein Lehrbuch für religiöse Erziehung, Vandenhoeck-Verlag/Benziger Verlag, 1977

Felicitas Betz, Antoinette Becker, Walter Kettler (Hrsg.), Religiöse Elemente in der Vorschulerziehung, Pfeiffer Verlag, 1973

Martin Fries/Hans-Bernhard Kaufmann (Hrsg.), Mit Kindern Glauben erfahren, Gütersloher Verlagshaus, 1987

9.2.2 Spezielle Literatur zu Gottesdiensten mit Kleinkindern

Teresa Berger (Hrsg.), Tanzt vor dem Herrn, lobt seinen Namen, Einfache Beispiele für Gottesdienste und Feste im Kirchenjahr, Matthias Grünewald Verlag, 1985

Michael Dörner, Wir feiern das Leben, Gottesdienste mit Kindern im Kirchenjahr, Patmos-Verlag, 1982

Heinz Großmann, Bernhard Wessels, Komm her, wir feiern heute, Gottesdienste mit Kindern zwischen 4 und 6 Jahren, Bernward Verlag/Verlag Butzon und Bercker, 1976

Helmi Habitz, Jesus hat uns Kinder lieb, Gottesdienst mit Kleinkindern, Herder Verlag 1986 (vergriffen)

Willi Hoffsümmer, 111 Bausteine für Gottesdienste mit 3–7jährigen und religiöse Feiern im Kindergarten, Matthias Grünewald Verlag, 1987[2]

Matthias Kleis, Gottesdienste mit Kleinkindern, Matthias Grünewald Verlag, 1984

Heriburg Laarmann, Freude am Glauben, Kinder- und Familiengottesdienste im Kirchenjahr, Matthias Grünewald Verlag, 1981

Martin Mosere, Treffpunkt Kirche: Gottesdienste für Kleinkinder, Seelsorge Echter, 1985

Inge Rupprecht, Eckhard Bieger, Klaus Müller (Hrsg.), Zieh den Kreis nicht zu klein, Matthias Grünewald Verlag, 1985

Hans Kuhn-Schädler, Gottesdienste vom Kindergarten bis zur Erstkommunion, Rex-Verlag, 1984

Regina Schnell, Mit Kleinkindern Gottesdienst feiern, Lahn Verlag, 1989

Bernhard Skrabal, Schön, daß du da bist. Gottesdienste für kleine Kinder, Don Bosco Verlag/Claudius Verlag, 1988

Theresia-Benedicta Uhl, René Schinek, Ich rufe dich bei deinem Namen, Die Bibel für Kinder creativ erschlossen, Don Bosco Verlag, 1989

Ingrid und Martin Wolf, Kinder spielen vor Gott, Don Bosco Verlag, 1980

9.2.3 Oft benützte Liederbücher und Cassetten

Günter Balders, Marita Imhof, Hinrich Schmidt, Wilfried Siemens, Ulrike Szepan (Hrsg.), Unser Kinderliederbuch, Oncken-Verlag, 1986

Winfried Dalferth, Gottfried Mohr, Gerhard Bicktor (Hrsg.), Mal Gottes Regen in das Grau der Welt, Ein Liederbuch für Kinderkirchen und vieles mehr ..., Verlag Junge Gemeinde, 1990

Menschenkinderlieder, Beratungsstelle für Gestaltung von Gottesdiensten und anderen Gemeindeveranstaltungen, Eschersheimer Landstr. 135, 6000 Frankfurt, 1987

Dieter Trautwein, Komm, Herr, segne uns, Burckharthaus-Laetare-Verlag, 1988

Liederhefte und Cassetten von P. Janssens, Peter Janssens Musik Verlag, Telgte - Westfalen

Liederhefte und Cassetten von D. Jöcker, Menschenkinder Musikverlag, Münster

➡ GTB Kindergottesdienst

Herausgegeben von Gunnar Urbach in Zusammenarbeit mit Friedrich W. Bargheer, Hans Bernhard Kaufmann, Gernot Otto, Gerd Schenk, Klaus Stolzmann und Marianne Strank. Veröffentlichungen des Comenius-Instituts, Münster.

Die Reihe »GTB · Kindergottesdienst« wendet sich an die jugendlichen, ehrenamtlichen Mitarbeiter im Kindergottesdienst. Darüber hinaus sollen auch die Pastoren angesprochen werden, um die ehrenamtlich tätigen Mitarbeiter ausbilden und begleiten zu können.

Biblische Geschichten Kindern erzählen

Anleitungen, Modelle und Beispiele.
Hg. von Gunnar Urbach. 3. Auflage.
112 Seiten mit zahlr. Fotos und Illustrationen.
Originalausgabe. (GTB 640)

Wolfgang Gerts / Klaus Stolzmann / Bernd Wipperfürth
Auf dem Weg nach Bethlehem

Advent und Weihnachten erleben, feiern, spielen. 2. Auflage. 96 Seiten mit zahlr. Fotos und Illustrationen.
Originalausgabe. (GTB 644)

Gernot Otto
Gottes Reich entdecken

Biblische Geschichten erleben und gestalten.
106 Seiten mit zahlr. Abbildungen.
Originalausgabe. (GTB 645)

Gütersloher Verlagshaus
Gerd Mohn

➡ GTB Kindergottesdienst

In der Reihe »*GTB · Kindergottesdienst*« erscheinen Beiträge zu Themen, die für Mitarbeiterinnen und Mitarbeiter im Kindergottesdienst von grundlegender Bedeutung sind. In der Auseinandersetzung mit diesen Themen soll die eigene Praxis der Arbeit mit Kindern bewußter erlebt und überlegter gestaltet werden.

Jürgen Koerver, Hans-Martin Schäfer,
Gunnar Urbach
Was ist los in Nazaret?
Von Jesus hören und weitersagen.
96 Seiten mit zahlr. Abbildungen.
Originalausgabe. (GTB 646)

Thomas Hofer, Ekkehard Langbein,
Rosemarie von Orlikowski, Gunnar Urbach
Wenn das Weizenkorn in die Erde fällt
Mit Kindern über Tod und Auferstehung reden. 96 Seiten mit zahlr. Fotos und Liedern.
Originalausgabe. (GTB 647)

Reinmar Tschirch
Wo bist du, Gott?
Fragen – zweifeln – beten.
96 Seiten mit zahlr. Abbildungen.
Originalausgabe. (GTB 648)

Gütersloher Verlagshaus
Gerd Mohn

● Kinder ›lernen‹ sehen

Wolfgang Longardt
Bilderflut und Kinderaugen

Zum sinnvollen Umgang mit Fernsehen
und Bildmedien
112 Seiten mit zahlreichen Abbildungen. Kt.
[3-579-02797-2]

Durch generelle Verbote wird in der Erziehung
und vor allem in bezug auf das Fernsehverhal-
ten schon längst nichts mehr erreicht. Aber die
ungehinderte TV-Berieselung gefährdet das
Kind.

Wolfgang Longardt plädiert für ein aktives
»Sehenlernen«. Durch praktisches Verarbeiten
von stehenden Bildern oder mit langsam lau-
fenden, wiederholbaren Bilderfolgen lernen die
Kinder, mit der auf sie einstürzenden Bilderflut
umzugehen. Aus der Praxis der Kindergarten-
arbeit werden Modelle vorgestellt, die von
vielen Eltern sicherlich dankbar aufgegriffen
werden.

Gütersloher
Verlagshaus
Gerd Mohn